思考型组织

领导者的六种思考能力

薛旭亮◎著

中华工商联合出版社

图书在版编目（CIP）数据

思考型组织 / 薛旭亮著. -- 北京：中华工商联合
出版社，2020.11（2024.2重印）

ISBN 978-7-5158-2867-1

Ⅰ.①思… Ⅱ.①薛… Ⅲ.①领导思维学 Ⅳ.
①C933

中国版本图书馆CIP数据核字（2020）第 206704 号

思考型组织

作　　者：薛旭亮

出 品 人：李　梁

责任编辑：胡小英　马维佳

装帧设计：国风设计

责任审读：郭敬梅

责任印制：迈致红

出版发行：中华工商联合出版社有限责任公司

印　　刷：三河市同力彩印有限公司

版　　次：2021 年 4 月第 1 版

印　　次：2024 年 2 月第 2 次印刷

开　　本：710mm×1020mm　1/16

字　　数：200 千字

印　　张：15.5

书　　号：ISBN 978－7－5158－2867－1

定　　价：69.00 元

服务热线：010－58301130－0（前台）

销售热线：010－58302977（网店部）
　　　　　010－58302166（门店部）
　　　　　010－58302837（馆配部、新媒体部）
　　　　　010－58302813（团购部）

地址邮编：北京市西城区西环广场 A 座
　　　　　19－20 层，100044

http://www.chgslcbs.cn

投稿热线：010－58302907（总编室）

投稿邮箱：1621239583@qq.com

［前言］

在激烈的市场竞争中，企业领导者解决问题和做出决策的速度是否比对手更快、更准确是非常重要的。说到底，领导者的思考能力是打造创新型企业、让企业处于不败之地的关键能力之一。

"风云万变一瞬息"是当今时代的真实写照，如果我们依旧沉浸在过去的观念与思路之中，就无法解决因时代变化带来的各种问题，无法抓住时代的脉搏，更无法在变化的时代之中寻得机遇。

在变化的时代，只有我们的思维"不断奔跑"，才能与时代保持一致，适应多变的环境。而让思维"奔跑"就需要进行一场思维革命，扫除一切僵化思维，打破思维定势，促进独立思考与深度思考，打造适应时代的思考型组织。

在我与大家一起踏上这趟"思考之旅"之前，我希望大家先想一想，领导者应该具备什么样的思考能力？

一般而言，我们的大脑有两种思考模式：一种是无意识的、实时的、带有自觉性质的简单思考，即"系统1"思考；另一种是需要我们花费力气的、分析型的深层思考，即"系统2"思考。

在大多数情况下，我们更习惯用"系统1"来思考问题，因为它毫不费力。当我们处于一个熟悉的场景之中，我们的直觉几乎是无敌的，我们可以直接从过往的经验之中提取出关键信息，从而快速且正确地解决问题。但是当解决问题所需的思考超越了我们过往的经验时，"系统1"就不可靠了，这时我们必须切换到"系统2"。

"系统2"的思考模式就是我们需要学习并培养的，也是领导者应具备的思考能力。以下四个提问便是"系统2"思考的主要内容：

◎发生了什么？思考此问题是在把握问题整体的基础上，整理筛选信息。

◎发生这种事的原因是什么？思考此问题是分析组成问题的各因素之间的因果关系。

◎我们应该怎样做才能解决这个问题？思考此问题是让我们能够做出选择，解决问题。

◎未来可能还会发生什么事情，出现何种问题？这是具有前瞻性的思考，用更长远的眼光，预测未来的潜在问题，并及时做好防范措施。

总而言之，领导者要能打破思维定势，既拥有依靠直觉、简单思考（系统1）的能力，又拥有深层思考（系统2）能力，如批判性思考、全局思考、深度思考的能力。

一名优秀的领导者，为了平衡好"系统1"和"系统2"，应当推行"理性思考程序"，这一程序允许大脑在合适的情况下使用"系统1"，同时确保在合适的时机引入"系统2"。

那么，如何才能打造出推动管理逻辑创新的思考能力呢？

任何事物在经历过积少成多，或者反复训练的过程之后，都会产生一定的质变。培养领导者思考能力也是如此，不断地深入思考，最终会由量变引发质变，形成一个能有意识地切换"系统1"与"系统2"的模式。

每个人在自己的成长过程之中，都形成了自身独特的思维习惯与思维方式，这使领导者在遇见问题时，会优先选择自身的思维方式去思考、分析、解决问题。这就是"思维定势病"。

本书在第一章列出常见的几种"思维定势病"，目的在于警醒各位企业领导者，认识到这些"思维定势病"，并有意识地转变自己的思维方式。本文后面几章内容，则提供了六种思考能力的培养方法，来帮助领导者打造思考型组织。其大致内容如下：

第一种思考能力：独立性思考，不盲目跟风，进行差异化思考；

第二种思考能力：批判性思考，用辩证的眼光分析问题，进行多维度思考；

第三种思考能力：全局性思考，站在全局的角度，了解问题的全貌，进行全面思考；

第四种思考能力：深度性思考，洞察现象背后的真相，研究各利益相关者之间的因果关系；

第五种思考能力：动态性思考，总结以往变化规律，预测未来变化趋势，进行前瞻性思考；

第六种思考能力：人性思考，实现人性化管理，使组织内部上下同心，为组织创新出谋献策，激发潜能。

六种思考能力的逻辑结构如图1所示。

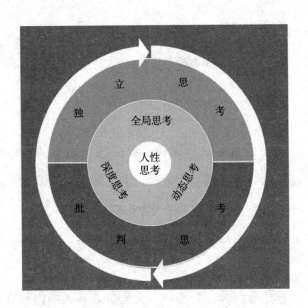

图1　六种思考能力的逻辑结构图

第一层：最外层，独立思考、批判思考。这两种思考是打造思考型组织领导者思考能力的根基，对外不盲从，对内有反思。

第二层：全局思考、深度思考、动态思考。这三种思考是打造思考型组织领导者思考能力的支柱，关注整条利益链的同时，洞察事物背后的动力机制，强化因果关联的正向价值。

第三层：人性思考。无论管理如何创新，领导者都要明白一个简单的管理法则，如果人的问题不解决，事情永远也无法解决。最终思考型组织还是要关注人。

通过这六种思考能力，打破领导者的思维定势，提升思考力，从而培养思考型组织领导者应具备的思考能力。让领导者在瞬息万变的时代乘风破浪，带领企业驶向更远的前方。

本书最大的特色是将理论内容通俗化，通过现身说法的方式将管理理论与鲜活案例有机结合，从而帮助思考型组织的领导者提高思考能力。除此之外，本书采用理论与实操相结合的方式，使构建思考过程的每个理念工具落地，并为企业提供可操作性强的方案。

本书结合了作者与众多领导者、职业经理人深度交谈的内容，记录了不断实施验证的经验，总结出了一套构建思考型组织的方法。本书将众多领导者和职业经理人提供的案例和思路与情景训练融为一体，知识性与操作性并重，强化积极主动的"以对方为中心"意识，引导领导者、管理者发现自身在工作中的诸多盲点，快速激发潜能、提升组织整体素质。在此，再次感谢各位领导者与职业经理人的无私帮助。

本书的目的是给各位领导者或者管理者提供一整套能够培养超强思考力、打造超常规系统化思维的理论和方法，从而将企业打造成一个思考型组织，促进企业的长远发展。

假设人生是一盘棋，思考的功夫花在当下，其利必然收在千秋。有些领导者看似偶然的、突然的成功，也许是通过过去数年思考达成的结果。用思考连接一切，通过思考推动管理创新、组织创新是未来10年最有价值的认知升级与自我精进的模式，它可以创造组织的核心竞争力。

CONTENTS 目录

第一章

先破后立：领导者常见的六大"思维定势病"

第一节　经验依赖症：一味模仿，根据过往经验做决定 / 002

第二节　认知局限症：照本宣科导致恶性循环 / 009

第三节　一叶障目症：只看到冰山的一角 / 012

第四节　信息悲剧症：过量信息令人头脑麻木迟钝 / 015

第五节　变化恐惧症：不敢创新与变革，害怕变化 / 019

第六节　怀疑猜想症：从盲目委托到疑虑重重 / 022

第二章

独立思考：打破惯性思维，突破思维上的局限

第一节　真正决定你能走多远的，是你独立思考的能力 / 030

第二节　独立思考是所有思考的根基 / 036

第三节　如何成为一个独立思考的领导者？ / 039

第四节　独立思考的七个步骤 / 042

第三章

批判思考：先思考问题的本质，再去寻找解决方案

第一节　关于批判性思维的"五个误解" / 046

第二节　什么是批判性思考？ / 051

第三节　一个简单的模型，帮你建立批判性思维 / 056

第四节　如何成为自己思维的批判家 / 062

第五节　批判性思考的养成从"学会提问"开始 / 069

第六节　批判性思维的四个层级，你到达哪一层了？ / 075

第四章

全局思考：不谋全局者，不足谋一域

第一节　什么是全局思考？ / 084

第二节　UVCA时代，全局思考是企业生存的必备技能 / 090

第三节　全局思考的三个层面 / 095

第四节　冰山模型——全局思考的重要方法 / 100

第五节　构建"全局思考"的五个步骤 / 105

第六节　思考结构化，打造具有全局思考能力的组织 / 112

第五章

深度思考：运用理性和逻辑能力，做出正确周全的判断和决定

第一节　什么是深度思考？／120

第二节　深度思考对于企业为何如此重要？／126

第三节　深度思考的四个维度／132

第四节　四大步骤让你成为一个深度思考的领导者／138

第五节　五个实践方法，培养组织的深度思考力／145

第六章

动态思考：快速应付一切变化

第一节　什么是动态思考？／152

第二节　动态思考的两个维度／158

第三节　"放弃"只能养成"放弃"的习惯／163

第四节　如何根据"变化"做计划？／168

第五节　构建"动态"思考的五个步骤／173

第七章

人性思考：管理就要懂"人性"，带团队就是带"人心"

第一节　人性定理：不要企图改变人性／182

第二节 什么是人性思考？ / 187

第三节 如何避免组织中的偏见和胡乱猜疑？ / 192

第四节 人性思考法首先要寻找"元认知" / 199

第五节 构建人性思考促成组织创新的五个步骤 / 203

第八章

利用U型打通六大思考

第一节 "下载"之后的"思维暂悬" / 210

第二节 接纳后的愿景、具化、运行 / 214

第三节 如何利用U型构建思考型组织 / 222

后记：感谢我的家人，缅怀世界大师 / 229

附录 / 231

参考文献 / 233

第一章

先破后立：
领导者常见的六大
"思维定势病"

每个人都有自己习惯的思维方式，在面临某种情况时，会下意识地运用这种方式思考，而这很容易导致领导者患上"思维定势病"。所谓"思维定势病"，就是领导者常常根据已有的经验，对未来进行预测并行动。"思维定势病"不利于创新。先破后立，领导者要先认识自己有哪些"思维定势病"，然后突破传统的思考习惯，才能培养出全面的思考能力。伟大的创造与发现，都是从突破思维定势开始的。

第一节　经验依赖症：一味模仿，根据过往经验做决定

思考要点<<

领导者在"经验依赖症"的定势思维下，做出"效仿式行为"，认为通过简单的复制就能取得成功，吸取经验的同时没有与市场实际相结合，以至于无法在过去的延长线上抓住企业发展的未来。这种做法犯了经验主义的错误，最终会惨淡收场。

● 经验依赖症案例 1　OKFIRE 麦片能复制成功吗？

OKFIRE麦片的最高领导者黄虎尘为了实现其"雄踞华北，鸟瞰江南"的战略目标，将营销副总之一的宋明伟派往"兵家必争之地"——上海。宋明伟根据在北方市场取得胜利的成功经验，对上海市场发起了

全面进攻。

在扩大品牌知名度上，宋明伟依旧使用电视广告、报纸、征文等较为传统的方式进行宣传。

在扩大销量上，宋明伟通过激励经销商取得了北方市场的营销胜利，他试图复制北方市场的成功经验，将经销商放在提升销量的主导地位，举办经销商会议，还亲自上门拜访了几位领头的经销商。

在销售战略上，宋伟明几乎使用了以往所有的成功方式，例如做卖场堆头、现场试吃、歌舞秀、联合大小超市捆绑销售等。

这场耗时两个月、耗资近300万元的战役最终却惨淡收场。销售渠道偏离现实实际、捆绑销售的告知不醒目、消费者觉得广告不够吸引人等情况，使结果与"提升300%"的目标相差甚远。

OKFIRE麦片的失败归根结底就是犯了经验主义的错误。只是根据以往的成功经验依样画葫芦，而没有从上海市场的实际出发，就算制定的策略十全十美，也很难成功。

每个人在面临问题时，都会下意识地去寻找参考方法，这样的思维方式就是患了"经验依赖症"，这种行为就是"效仿式行为"。看见有人成功地做成了某件事，就决定去效仿。这种效仿式行为就是"经验依赖症"在行动上的表现。这会使领导者在做决定时直接套用其他的成功经验，最终只能得到失败的结果，毕竟成功是不能完全复制的。

● 经验依赖症案例2　海外电商过分依赖"成功"经验

亚马逊、乐天、ASOS等电商在中国市场的发展并不理想，有一个重要的原因就是这些电商完全照搬海外市场的成功模式，而没有依照中国市场的特点进行创新和调整。

以促销活动来说，海外电商在促销活动上并不十分热衷，亚马逊公司认为这是人为地在影响用户体验，而这与公司的价值观相悖，因此在促销活动的安排上，远不如本土电商积极主动。本土电商则善于利用各种节庆，组织名目繁多的各种促销活动，通过发放优惠券、红包或者直接返利等优惠措施来吸引眼球和获得关注，进而在市场竞争中占据有利地位。

易趣在中国坚持走C2C 路线，而本土的淘宝走的是将小企业带上互联网的B2C路线；易趣对卖家收取费用，并且阻止卖家与买家私下沟通，以确保不会流失交易佣金，而淘宝则对卖家免费，在店铺中，商家可以随意留下联系方式，支持线下交易。很显然，淘宝的做法更能打动中国商家的心。

海外电商在其成长的过程，形成了自己的固有观念，同时也是在当地市场被证明的成功经验，但是这些经验未必适合中国市场。过分依赖成功经验并不能保证永远成功，不能根据市场变化及时更正策略，一定会给企业发展带来危机。

● 经验依赖症弊端　没有经验的支撑，就无法解决问题

长期在经验主义思维的引导下去做事情，有很大弊端：

一是一旦没有可供参考借鉴的成功案例，在面对问题、困境时就"猫吃乌龟，无从下嘴"了。

二是盲目跟风，不辨真假，不思现状。例如，2020年之初新冠病毒疫情期间有家公司与另一家公司共享员工，当时有一位企业家就给我打电话，说要效仿这样的做法，我当时就提醒他要考虑员工被"共享"之

后还能回来吗？是否还有其他途径解决企业、员工的生存问题？

经验依赖症对个人有着极大的负面影响。如果领导者长期依赖经验办事，思维就会陷入僵化，不会灵活变通，最终走上错误的道路。这样的领导者往往会有这两个思维习惯：一是之前的做法成功了，这次运用同样的方法也会成功；二是同行业者都这样成功了，我们也不能落下脚步。

在生活中，我们通常可以看见一些小的房地产公司，其策划的活动都是"开展一些小游戏，参与人员拿奖品"的模式。

例如，中秋猜花灯送米和油；端午猜谜语，送米和油，外加粽子等。这样的活动毫无新意，只是根据以往的经验硬生生地套用，是为了开展活动而开展，在吸引潜在客户、维护与老客户的关系等方面，用处不大。

在"经验依赖症"思维的驱使下，每出现一个新的、并且有成功先例的商机后，就会有大量的企业立即进入该市场做同一种业务或产品，这时市场处于需求大于供给的状态，企业可以获取的利润较多。但市场在极短的时间内就会达到饱和状态，进而出现"供大于求"的市场状态，此时各企业之间就会展开低价拉锯战（见图1-1）。

在价格战之中，各企业之间的竞争也会达到白热化的阶段，这一阶段对于已经进驻市场

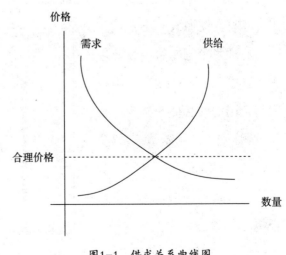

图1-1　供求关系曲线图

的企业来说，不管是退出市场，还是继续竞争都会有极大的损失。各个企业只能扛着压力继续竞争，做最后的赢家才有一线生机。在这种大环境下，大部分企业、创业者都是血本无归，甚至是负债累累。

领导者应该明白这样一个道理：环境、市场、内部政策、外部政策等都是促使企业成功的因素，但时代在不断发展，这些因素也在发生变化。不断套用成功的方法与经验并不是万全之策。

日本创新思维第一人日比野省三，提出了"变化摧毁了可资依赖的先例"这一观点，即企业依照的参照物已经变得陈旧，成了无用之物。领导者要明确判断自身是否具有经验依赖症，从而及时地改变自己的认知。

● 症状分析 从众是经验依赖症的具体表现

经验依赖症，就是领导者不思考未来、不制定目标，走一步算一步。有这样思维方式的领导者与员工，往往只在乎眼前的利润，而忽视长远利益，这会使企业丢失久远的未来。正如马云所说："不思考未来，你将会被淘汰。"

心理学家阿希曾经设计过一个实验：在ABC三条线中找出与给出的线长度一样的线条（见图1-2）。阿希请来7位演员，让他们都回答"B"，最后让一位真正的试验参与者回答问题。

阿希总共进行了18次试

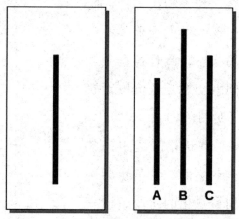

图1-2　阿希的试验道具

验，结果表明：试验参与者的正确率为63.2%，有36.8%的参与者会认同那7位演员的回答，而得出错误的答案。

这个试验表明人具有从众心理，会根据其他人的思维与行为来设计自己的行为，这也是患有经验依赖症的领导者共有的心理特征。因为没有目标，对未来没有规划，就会跟着其他企业的做法来经营自己的企业，即其他企业做什么，我也应该去做。

陷入经验依赖症的领导者只会依据其他企业的行为去经营自己的公司，而同样陷入经验依赖症的员工就会以领导者马首是瞻，领导者说什么就做什么，没有自己的想法与建议，如同行尸走肉一般。而被这种思维定势支配的企业也将会在随波逐流中，慢慢瓦解崩溃，最终走向末路。

● 病源分析　经验依赖症的 4 种来源

1. 驱动力量的丧失

驱动力是一个企业走向未来的重要因素，一般是企业的愿景或目标。

但有时领导者会发现这样的问题：即使企业制定了愿景和目标，却依然不能调动员工的积极性。这样的问题大多是因为企业对自身现状的分析并不明确，实行的方法可能并不适合企业。对自身现状进行理性评估，是领导者避免经验依赖症的一大有效方法。

2. 管理理念简单

领导者的管理理念是支撑企业长远运行的重要因素，过于模仿会形成"假、大、空"的表面主义、形式主义，因为都是效仿来的，并不符合企业实际情况。看到今天某位大师的管理理念非常好，就立马开始自己的运作。而在这种不具体、不形象、无明确工作目标的环境中工作，会使领导者、员工丧失对事件的整理、分析能力，失去对工作的热情，如同"温水煮青蛙"。

3. 行业规范压力

每一个行业、群体都有其规则，有些是明面的规章制度，有些是约定俗成的潜规则。迫于企业内部与市场的潜规则，许多中小型企业可能不会去尝试创新，不敢去挑战一个超出当前市场情况的目标。因此，不去效仿是否会出现看得见的压力、挑战，这是领导者判断自己是否有经验依赖症的一个重要因素。

4. 信息冲击

如今是一个瞬息万变的时代，信息更新的速度也越来越快，以至于让领导者感到迷茫，不能抓住重点。信息更新促使行业重新洗牌，同时改变相关行业的规则以及影响要素，导致领导者的经验正在逐渐失去作用，这阻碍了领导者把握市场的变化规律。

再加上以前是十年一代，如今已经发展到五年一代，"90"后与"95"后在思维方式、价值观等方面已有了较大的差距。价值观的多元化让领导者不能掌握重点，受到大量"碎片化"信息的冲击，而无法厘清问题本身。厘清问题的重要性就如爱因斯坦曾经说过的：找对了问题比找到解决方案更重要。

第二节　认知局限症：照本宣科导致恶性循环

 **思考要点<<**

产生"认知局限症"是因为领导者与员工不懂批判性思考，或者是"懒"得思考，只认为"我"就是对的。一般而言，认知局限包括两种类型：无意识地机械行动与有意识地指责他人，这都会使领导者在认知局限症中越陷越深。

● 症状分析 **认知局限症的表现**

认知是指人们获得知识或运用知识的过程，主要包括"感觉""知觉""记忆""思维""想象"这五个方面。人们通过感觉与知觉获得知识；通过记忆储存知识；思维和想象可以理解为运用不同的方式举一反三，将学到的知识应用到解决问题的实践之中。

认知局限症的表现主要有两种情况：

1. 机械性认知

根本不懂得批判性思考，而只会认为"我"就是对的，更别说听取别人意见。这就是认知局限症中的机械性的认知。我有一个做生产制造的企业家学员，一次总裁班课程之后，他邀请我去他们企业上课。开始上课之后我发现很多管理干部很消极，下来和人力资源部沟通后得知，现在有一批正在赶工的设备，大家忙得不可开交，而老板听了我这个课之后，就觉得特别好，要求大家必须马上学习，很多高管建议等一个月，把这批设备赶出来后再学习，但老板根本不听，所以大家虽然人在课堂，心里还在关心生产进度。

还有这样一个段子，网上有一张图片：一张A4纸上打印着"如果你没想好方案，就不要提出问题"，而这张纸就贴在董事长的办公室门口。身边的一些企业家朋友有转发此图的，也有实操的，其实这就是没有进行批判性思考。殊不知，这是要扼杀多少改善的机会。因为有些人真的可能只懂提出问题，但并不知道问题的解决方案。作为领导者我们是否可以在拿到这些问题之后，去找那些擅长解决这些问题的人解决呢？

2. 指责性思维

将批判性思维与指责性思维混淆，认为批判性思维就是对别人的意见提出质疑。通常表现为别人说了一个想法，他说：我这个人喜欢批判思考，所以针对你提出的这点说两句。其实这是指责性思维。

有一次去云南一家国有企业主持九伴7步共创®战略工作坊 ①，我就运用奥托·夏莫的U型模型，去引导大家。等小组一轮提问结束之后，有位领导首先不是回答问题或者思考，而是针对大家提的问题，进行了

----

① 九伴7步共创®战略工作坊是在互联网时代帮助企业家和企业改变的"微创手术"，用工作坊的形式协助企业家和高管制定组织战略，能够帮助他们梳理问题现状、寻找解决方案、实现战略协同，甚至改变原本顽固的企业模式，升级组织能力，帮助企业家与高管们找到商业模式和战略方向。

严厉的"批判"。我当时立即使用导师主持人的权力，保证了会议的顺利进行，会后我找他沟通，他说他这个人是"批判性思维"，我则告诉他，他这有可能是"指责性思维"。事情过去两个月后，我再次去他们公司，他找到我说："薛老师，我明白了，批判性思维是对内的，是对自己认知的拓展。"

德国数学家莫比乌斯曾经做过一个实验：将一只小甲虫放在一个圆圈形的小通道上，结果甲虫一直在沿着圆圈运动，这就是莫比乌斯环（见图1-3）。这是由于昆虫没有思维，而是靠本能去活动。

图1-3　莫比乌斯环的循环效应

而具有认知局限症的人，会自我封闭自己的思维，这样只会让思维僵化，如同小甲虫一样陷入莫比乌斯怪圈。

而陷入这种状态中的人，有可能并不会意识到自己已经进入了一个恶性循环，或者已经意识到了，但并不明白其中的利害关系，不想费力去改进。这就是认知局限症的表现。

第三节 一叶障目症：只看到冰山的一角

思考要点＜＜

正所谓"一叶障目，不见泰山"，"一叶障目症"就是领导者不能从整体视角把握问题，不能多元化地观察分析问题，导致无法把握问题的本质，寻找不到解决问题的正确办法。

● **一叶障目症案例　泰坦尼克号的悲剧**

1912年，英国白星航运公司的史诗级游轮——泰坦尼克号与一座冰山相撞，沉入大西洋。在电影《泰坦尼克号》的巨大影响力之下，大部分人都认为是冰山导致了泰坦尼克号的沉没。但森南·摩洛尼认为任何事情的发生一定是多方面因素综合造成的，因此他对这一海难事件进行了长达30年的调查。

在当时的船只驾驶规则中有一个广为流传的方法：当船的前方出现障碍物时，就向船的右方行驶。根据森南·摩洛尼的调查证实泰坦尼克号船体右侧的冰山范围更广，选择右转只会让船与冰山相撞。水手的思维定势也是导致泰坦尼克号悲剧的重要因素。

泰坦尼克号的首航准备并不充分，水手培训时间太短、航海安全设备不完善等，都是推动这场海难发生的因素。在发生事故后的三天，近代新闻史上出现了最混乱的时刻，白星公司也乘乱进行公关，通过着重描述那些英美名流的绅士风度与骑士精神，在为那些获救的顶级富豪创造英雄美名的同时，也将自己从这场海难的责任之中摘除。

水手们在驾驶游轮时，只根据规则解决问题，而不是从实际出发解决问题，这就是一叶障目式的思维。媒体让人只看到表面，而那些看客也不会去追踪真相，只会选择去相信，这也是一叶障目式的思维。

● 症状分析　一叶障目症的表现

1. 无法把握整体

一叶障目症就是只看到事物的局部，而看不到整体，思考时也不会去思考整体。浮在水面上的冰山，人们只能看见肉眼可见的部分，而水下的、很难被人察觉的部分则会被忽视。

一旦有轮船撞到冰山，则凶多吉少。在思维上也是如此，如果一个领导者与员工不能发现整体，只聚焦于局部，终会为企业的发展埋下隐患。

我遇到过这样一个情况：有一次去江苏一家民营企业上完课之后，他们老板就吩咐人力资源和财务部做股权设计。为什么呢？就是因为我在课上提出了如果企业发展到了一定的突破阶段，一定要考虑给予员工股权。而他们只听到了一定要给予员工股权，却忽略了重要的前提条件是企业发展到了一定的突破阶段，同时也忽略了我当时说的几个突破阶段。最有意思的是，他们还点名要找我做股权设计项目的辅导。我婉言拒绝了，一是据我了解该企业还不适合做股权设计，二是我只是讲员工管理时提到了股权，但我不是全才，股权设计还是应该找专业做股权的人去做。

在这个案例之中，企业领导者就没有全面思考，只想到要做股权设计，未能关注到股权设计会给企业带来什么正面影响、负面影响。这种思维方式就是一种定向的、视野狭窄的思维方式，是直线型的思维方式。只能看见表面现象，没有看见问题的全貌，不能把握问题的本质。

直线型思维方式是一叶障目症的一大表现。我们原来上学的时候做数学题，运用直线型思维可以通过详细的步骤，直达问题的答案，迅速解决单一性的问题。

例如，已知条件为"A=B，B=C"，就可以得出"A=C"的结论。但这种思维方式对领导者制定战略"百害而无一利"，解决复杂的问题需要从全局出发，进行多维度、多角度地观察，才能发现最优解。

2. 杂乱无章的思考

一叶障目症的另一大表现与直线型思维对立，即杂乱无章的思考。这会让领导者一会儿关注公司战略等大方向，一会儿关注组织内部，杂乱无章。

我去过温州一家生产毛毡礼品包的企业，因为国内的竞争日益激烈，近几年他们一直在探索国际市场。课间之余，我与其中几名高管交谈，发现这家企业前身是乡镇企业，转型多次，初期真的挣了不少钱，但2008年之后，企业就一直在走下坡路。很多人认为是"老东家"年龄大了，跟不上时代，于是就把在国外的"少东家"找了回来，经过几年的培养交接，拿到经营权的"少东家"运用在国外学到的经营理念，开始吹响国际战的号角，在天津成立了外贸公司。打通国际市场之后，

"少东家"发现虽然引进了不少有国际市场经验的管理层，但是温州公司原有的生产管理层和员工不能良好协作，于是又开始对其进行培训，经过两年的折腾后发现，有对近40年的组织进行变革花费的成本，还不如成立一家新企业，于是他们开始投资设备建新厂和招新工。几年下来，企业已元气大伤，新业务、旧业务仍未有新的突破，这就是典型的领导者杂乱无章思考的后果。

领导者在遇到问题时要以更高的格局、多维的角度去观察和发现各问题因素之间的联系，逐渐养成从全局看待问题的好习惯，走出一叶障目症的泥潭。

第四节　信息悲剧症：过量信息令人头脑麻木迟钝

思考要点<<

　　"信息悲剧症"的症状是领导者被大量的富余信息与垃圾信息"绑架"，思考能力逐步退化。领导者在这一病症的掌控下，越来越焦虑，却苦无办法，更无法通过思考与分析，筛选出最有效的信息。

● 思考小场景　富余信息与垃圾信息是元凶

你的公司群、家庭群，是不是经常有人发"刚刚宣布……马上删除""你不得不知道的……""糖尿病应该……""马云认为年轻人应该……"

你很奇怪，明明知道是假的，但还是忍不住进去看一眼，更奇怪还有人会转发出来。

上述场景就是被信息悲剧症支配的表现。信息悲剧症就是被大量的信息操纵，在思维上表现为不活跃，在行动上表现为不敏捷，从而不能集中精力弄清问题的本质，无法寻找出解决方法，最终形成麻木型的思维模式（见图1-4）。

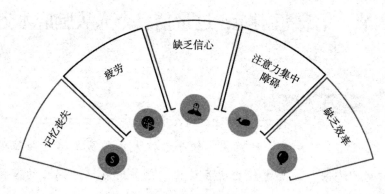

图1-4　信息悲剧症的症状

互联网技术的发展，促进各类型网络媒体的兴起，在丰富信息供给量的同时，也产生了大量的富余信息。相较于大型的网络媒体、传统媒体，自媒体的门槛更低，从业人员众多，创作出的信息良莠不齐，产生的垃圾信息也更多。

富余信息与垃圾信息是造成信息悲剧症的元凶。富余信息与垃圾信息会干扰领导者与员工的思考，并会对其思想进行"绑架"，然后慢慢腐蚀其思考能力。在这一过程中，领导者与员工会有这样的变化过程：提出自己的观点——发现其他优秀的观点——了解更多的观点——无法判断最佳的观点，无法取舍——丧失自己的观点。这就是被信息操控、洗脑的过程。

● 症状分析　信息悲剧症的表现

1. "跪拜"大师

在富余信息与垃圾信息的洗脑之下，领导者很可能会变成思想上的"傀儡"，会盲目地"跪拜"大师。

例如，在电商行业有许多领导者将马云的观点奉为"圣经"，根据阿里的运行模式来经营自己的企业。还有一些营销号、无良的自媒体会断章取义，片面地描述马云的观点以及阿里的管理之道。患有信息悲剧症的领导者依旧会去相信，会将这些哗众取宠的价值观、方法、策略等放入实践之中，并为其员工洗脑。

许多领导者会通过看网上课程和线下所谓的"大师"培训课程，来汲取经验与信息。汲取大量的"碎片化"信息后，领导者会觉得自己如同吸满水的海绵，已经完全掌握了管理与经营之道，这是"碎片化"信息带来的强大错觉。这样的"强大"不堪一击，经不起实践的检验。

2. 丧失筛选信息的能力

在目前的社交平台上出现的海量碎片化信息，大部分都是无用的垃圾信息。

特别是在很多社交娱乐平台上，出现了大量的虚假信息。在这些平台上，往往会看见这样的内容："震惊！原来地震竟是千年巨蟒渡劫所致"。这种全靠P图胡编乱造的信息并不少见，几乎每一个平台都会出现，但平台对此类虚假信息却仍然采取放任的态度。因此我们在收集信息时，要对信息进行过滤。

从目的出发收集信息是过滤信息的有效方法。信息悲剧症患者正是失去了过滤垃圾信息的能力，不论信息的好坏，总是照单全收。

朋友圈里经常充斥着"名师培训，助你成为另一个马云"之类的培训推广广告，一般这样的课程并没有深入学习的价值。在朋友圈里发送这样信息的人其实就是垃圾信息搬运工，以微信群分享的形式，散布垃圾信息。很多领导者以为自己在学习，其实只是在吸收垃圾信息。

在这样的社交情景下，领导者不知道要去思考、学习什么内容，无法将学习作为信息收集的目的，并向这个目标进发。领导者不能清除作用不大的信息，剔除不适合自己、不适合企业的信息，最终收集到的信息也不是核心信息。

在移动互联网时代，领导者通过海量的碎片化信息寻找答案，最后必定是竹篮打水一场空。因为在这些信息之中，有许多似是而非的观点，这类观点只流于表面的价值观，不能给领导者与员工进行有效的引导。

信息只是一个参考的依据，不能将这些收集的信息作为实现目标的方法。而是要在借鉴这些信息的同时，对它们进行深度思考与分析，从而做出自己的判断与决策，这才是解决问题的有效方法。

第五节　变化恐惧症：不敢创新与变革，害怕变化

思考要点<<

　　"变化恐惧症"会让领导者抵触变化、不敢创新，会使领导者更聚焦于变革失败的企业案例，无法吸取标杆企业的经验。在这种病症下，领导者无法与时俱进，最后会在恐惧的泥沼中越陷越深。

● 症状分析　变化恐惧症的表现

　　变化恐惧症是领导者抵触变革、抵触改变，不愿意进行创新，或者对变化过于敏感的思维方式。具体表现为企业仍沿用过时的管理理念、管理方式，不能与市场、国际接轨。

　　领导者们可以根据以下特征对自己进行诊断，看是否已经陷入变化恐惧症的泥沼之中，或者即将踏入其中。

1. 担心失败而拒绝试错

　　雷布斯说过一句话："今天试错的成本不高，但错过的成本很高。"我引用这句话并不是完全赞同这句话，而是要告诉大家，如果不试错，我们永远不知道未来到底应该如何发展，如果有企业在某一领域

先人一步制定出了标准，那你就是错过了。我们要敢于试错，或者说要敢于科学试错，在企业可承受范围内去试错。如果领导者说"不着急，先看看""哎呀，我也想到了，但是当时怕……"很明显是不敢试错，或者不懂如何科学试错。

这类领导者可能曾经也有一颗不断创新的心，但因不充分的计划设计、可行性低的战略目标、模糊的前进方向、不留后路的背水一战等因素而创新失败，最终一蹶不振，甚至谈"新"色变。这会使领导者在对企业未来发展做规划时瞻前顾后，在决策时拖泥带水，最终错过进入新风口的最好时机。

2. 与大众保持一致

具有变化恐惧症的领导者，在抵制革新的同时，还会找不到方向与目标，一味地"随大流"。

领导者的这种行为就是"羊群效应"。当羊群遇见障碍物时，第一只羊会绕过障碍物，第二只、第三只也会与第一只羊一样绕过去。即使牧羊人将障碍物清除了，其他的羊依旧会做与第一只羊同样的行为。

陷入变化恐惧症的领导者，也会同后来的羊一样，跟着其他领导者成功的想法进行行动。在创新这条路上，如果学大多数人，那只能是在大多数人后面排队。《蓝海战略》一书中讲到未来价值创新的四个步骤，增加一点什么？剔除一点什么？降低一点什么？创造一点什么？其实就是让我们在行业内不出现羊群效应。对未来发展而言，除了预测，还要能主动应对。

解决变化恐惧症最好的方式不是逃避而是直面，用"以毒攻毒"的方式将其全面铲除，用创新、变革去面对恐惧。

● 变化恐惧症案例 过度恐惧导致的过度反抗终会失败

2015年光圈App转向直播行业，通过与电视台合办"光圈之星，校花大赛"在直播行业一枝独秀。在这期间，花椒、映客、爱直播等大量平台纷纷进入直播风口。2018年视频直播光圈App的倒闭是直播行业倒闭大潮的开端。盲目从众、过度追求风口，会使市场供大于求，"洗牌"也会变成必然趋势。领导者要懂得规避风险，才能避免因失败而患上变化恐惧症。

与时俱进是创新变革必须遵循的原则，也是领导者对抗变化恐惧症的必要途径。如果企业进行变革与创新的速度跟不上时代的步伐，就会错失良机；如果变革与创新超过了时代与市场的变化速度，就会走向失败。

曾经在教育行业叱咤风云的"小马过河"不断地推陈出新，在2008年推出线上免费直播、标准化学习流程等使其兴盛一时。但在2014年，为了在互联网时代取得更好的发展，小马过河开始放弃线下业务，全面转型为线上培训，甚至还将处于红利期的线下项目停卖，最终因亏损而倒闭。

领导者只有正确地把握时代发展的进程，才能与时俱进，用创新去促进企业的变革与发展，用变革"治好"领导者的变化恐惧症。

领导者既不要恐惧变化，也不要想逃避，而是要积极主动地去面对、去思考，用创新与变革的胜利成果激励自己与员工走向更美好的未来。

第六节 怀疑猜想症：
从盲目委托到疑虑重重

 **思考要点 <<**

从盲目委托到疑虑重重，是患上"怀疑猜想症"的过程，这一症状还具有强烈的传染性，会慢慢腐蚀企业的活力，使企业产生混乱，最终走向崩溃。

● 怀疑猜想症案例 怀疑猜想症是导致企业难以创新的元凶

患有"怀疑猜想症"的领导者，一般都经历过从盲目委托到疑虑重重的过程。

例如，一些领导者盲目相信"空降兵"能给企业带来变革，但如果失败就会使领导者慢慢地不信任员工。这样的态度会间接传达给员工，使员工也开始不信任企业，随时准备跳槽。疑虑之风也将会在整个企业中蔓延，这会使领导者与员工丧失热情，企业丧失创造力。

湖北某教育培训机构，因其优秀的师资队伍与辉煌的成就备受家长们的推崇，其优秀学生考试的成绩也被学校认可。每年的分级考试，都是人山人海。

但随着学而思等各大培训机构的出现，其业务开始出现下滑，其信息化程度不高的弊端也开始显现，如支付方式只能采用现金支付，使许多家长怨气颇大；资料记录几乎全部采用人工纸质档为主，工作效率低；当出现亏损时，校区全体人员亦有连带责任，使一些优秀人才跳槽到其他机构。

在这种情况下，其最高领导者聘用了一位来自汽车行业、有着丰富经验的管理者对公司进行改革。

"新官上任三把火"，第一把火烧掉的是制度，第二把火是建立新校区，第三把火是开展教师培训。有些措施并不适合在当前阶段实施，新官急于求成，频繁进行人事变动引发了公司内部的巨大动荡，最终改革失败。

但改革失败的负面影响并没有结束，公司上下人心动荡，管理者与员工之间生出嫌隙，甚至还有元老级的员工另立门户。这都给机构造成了巨大的损失。

该培训机构的案例，还原了怀疑猜想症产生的过程以及原因。"一朝被蛇咬，十年怕井绳"，领导者的决策失误带来的负面影响是巨大的，在陷入自我怀疑的同时，也会怀疑员工的能力、状态与忠诚度，这种不信任的氛围会在员工之间扩散。猜忌是一家企业、一个团队瓦解的开始。

忽左忽右的企业文化也是导致怀疑猜想症的重要因素，也是导致企业内部混乱的元凶。企业文化来源于领导者对企业未来的规划，是价值观与愿景、理想、目标的结合体。如果领导者不能确定企业的目标与愿景，也不会形成稳定的企业文化，这就使企业缺失了维护内部凝聚力的纽带与方法。

这样的企业即使发展壮大，也不堪一击，经不起困难与挫折的考验。在失去利益的捆绑之后，员工就会像林中的鸟一样"大难临头各自飞"。

除了领导者的决策、企业的文化会造成猜忌之外，员工之间的利益冲突也会加剧公司员工的怀疑猜想症，从而陷入恶性循环。

有人的地方就有"江湖"，而有"江湖"的地方就会有恩怨与纠纷。如果有两位员工因为工作上的一些小摩擦，被有心者知道后就会在企业内部散布谣言。这些流言蜚语会潜移默化地吞噬企业的凝聚力与团结力，为企业的发展埋下隐患。

● 症状分析　怀疑猜想症的病源

1. 领导者不注重对团队凝聚力的培养

领导者要想打造一个团结一致、共同奋斗的组织，就必须祛除怀疑猜想症，将员工"聚沙成塔"是最关键的一步。

领导者没有将员工视为平等的伙伴，这也会使团队成员之间的关系变得脆弱，仅仅以利益为纽带支撑双方之间岌岌可危的信任，不能让员工真心实意地为企业的发展出谋划策。

2. 未坚持以人为本、透明化、公平公正的原则

"三个臭皮匠赛过诸葛亮"，领导者听取员工的建议与想法，可以减少自己的决策失误。广纳良言还会使员工真正感受到自己已融入企业之中，并因为被上级重视，从而产生自我价值得以实现的满足感。

但如果领导者一意孤行，会使员工觉得自己不受重视，失去对工作

的热情，再也不愿意去思考解决问题的对策。

在分配薪酬、股权等方面，有的企业说我们这里很公平，但公平是最大的不平等。领导者要做到的是过程公平，而不是结果公平。结果还是要靠团队合力完成，要搭配好员工的结构。按员工的贡献来进行分配，这里所说的贡献不是说是否成功，而是指付出的努力。

北京有一家保险代理公司，采用的是薪酬保密制度。我去做九伴7步共创®执行工作坊①的时候，发现员工都在谈自己的付出，后来跟人力资源部沟通发现，导致这现象出现的核心原因是之前公司的CEO是从一家大型互联网公司出来的。以前都是项目制，员工的薪酬分配都与项目收益挂钩，为防止员工嫌弃手上的项目，于是这家互联网公司采用薪酬保密制。这位CEO来后，担心会发生同样的事情，也采用薪酬保密制。我们都知道保险代理公司，很有可能就是靠大家薪酬的公开透明去刺激员工翻越更高的障碍，争取更高的薪酬。

领导者还不如直接将薪酬制度公开透明，让每一个员工都能根据自己的贡献计算出薪酬。这样还可以让员工在与企业其他员工的对比中，激发出斗志。这样适当加强了员工之间的竞争，促进了企业向上发展。

领导者的怀疑猜想症会在整个企业之中扩散、蔓延，最终会使企业分崩离析。领导者应该及时进行自我诊断，并改正。

● 知识拓展　行为动机与个人性格的关系影响思维

DISC这个理论是一种"人类行为语言"，美国心理学家威廉·莫

---

① 九伴7步共创®执行工作坊要实现的是从关键战略向具体行动的转化，是要把具体计划做出来，一定要落实到下一步要做什么，并且还要确保计划最大限度地得到落实。换个角度说是在解决企业最大的执行阻力，去解决"高管墙""部门墙""同门帘"的问题。

尔顿·马斯顿博士在1928年出版的著作《常人的情绪》（*Emotions of Normal People*），被许多人奉为经典。他在该书中阐述了"人类行为语言"的四大类型，将DISC性格心理学理论推至人们的眼前。

马斯顿博士的DISC研究方向是：研究人类正常的情绪反应，并探究人类性格与行为之间的关系。在这之后，有许多学者都在马斯顿博士DISC理论的基础之上，继续研究，其中价值最大的成果是广为人知的DISC测评。

马斯顿博士认为构成个体复杂性格的原因，是四种基本的性格因子：支配（Dominance）、影响（Influence）、稳健（Steadiness）与谨慎（Compliance），进行不同的复杂组合而形成的。在之后形成的行为特征分析（Personal Profile Analysis）的基础理论依旧是DISC理论，就是根据这四个因子，划分出四种不同性格的人。

表1–1　DISC性格类型

DISC性格类型	代表人物形象	具体描述
支配型（Dominance）	老板型/指挥者	爱冒险、有竞争力、大胆、直接、果断、创新、坚持不懈、问题解决者、自我激励者
影响型（Influence）	互动型/社交者	魅力、自信、有说服力、热情、鼓舞人心、乐观、令人信服、受欢迎、好交际、可信赖
稳健型（Steadiness）	支持型/支持者	友善、亲切、好的倾听者、有耐心、放松、热诚、稳定、团队合作者、善解人意、稳健
谨慎型（Compliance）	修正型/思考者	准确、有分析力、谨慎、谦恭、善于发现事实、高标准、成熟、有耐心、严谨的人

　　如表1–1所示，我们了解到了四种性格特征人群的具体描述。支配型性格的人虽然具有创新的能力，但可能会因为过度相信自己的能力，导致其固执己见，不愿意去仔细思考其他方案的可行性，很可能因为激进而给企业带来损失。这类领导者在员工提出建议时，也只是敷衍了事，更有甚者会认为提建议是对其能力的质疑。

　　而稳健型性格的人，为人处事注重稳定性，很容易走进因循守旧的思维误区，不知变通。激进与一成不变的思维方式都是陷入了思维定势之中，没有发现自己思维的局限与不可取之处。

　　组织之中各个成员的行为都是其性格的表现，而不同性格员工的思维方式也有所不同，在思维指导之下的行为也会有不同之处，他们可能会陷入的思维定势更是南辕北辙。因此，领导者可以通过对员工性格的观察，来了解你曾经无法理解的员工行为，从而了解他们的思维，将不同思维方式、不同性格的员工与适合他们的岗位相匹配，从而提升企业效率。

第二章

独立思考：
打破惯性思维，
突破思维上的局限

我们生活在一个不断变革的时代，需要崭新的意识和集体领导能力。独立思考是解开动态复杂性、社会复杂性和新兴复杂性的钥匙，是获得集体领导能力、实现创新的密码。

第一节　真正决定你能走多远的，是你独立思考的能力

独立思考就是对领导者的行动有指导作用，或者能够得出结论的、有效且清晰的思考，能够帮助领导者打破思维定势。可以通过建立自我意见、打破砂锅问到底的方式，使企业上下都能独立思考，从而打造一个思考型的组织。

●独立思考案例　独立思考的重要性

软银亚洲基金投资盛大网络是创投界风头最盛的投资项目，其利润回报率相当惊人。

在上个世纪末，大多数企业曾受到互联网泡沫经济的影响。在此之

后，大多数企业都保持着绝对的理性与谨慎，转向投资国企的重组改制项目。对于网络游戏项目，大多数企业都在静观其变，等待第一个吃螃蟹的人。

但软银亚洲基金并没有人云亦云、坐以待毙，而是选择进行市场调查、独立思考，并得出了这样的结论：18～30岁的人群占中国网民的69%，是中国互联网的主流用户，而这类人群也是游戏的主要玩家，因此网络游戏有着巨大的潜力。这一结论使软银亚洲基金选择投资盛大网络，利用网络游戏赚取巨大的利润。

软银亚洲基金投资的成功并不是偶然，而是因为其领导者善于独立思考，把握最好的时机进入网络游戏市场。高风险往往意味着高利润，独立思考并不能消除风险，但能够减少风险，用最少的成本换取最大的利益。

领导者不仅需要在投资项目上进行独立思考，在企业大大小小的决策上也要独立思考。作为领导者，每天都需要不断地做出判断与决策。通过查看下属提交的报告书、策划书等内容，思考并判断员工的提案是否具有可行性，还要思考这些提案在实施过程中可能会出现的问题以及解决方法等。在这一过程之中，不仅是员工有着巨大的压力，领导者也是如此。

只有独立思考，才不会去依赖经验，不断地打破自身的认知局限；明确目标与愿景，把握整体，系统性地清除通向目标之路上的障碍；选择正确的信息，做出正确的决策，使企业上下同心协力，共同促进企业的创新与改革。独立思考可以帮助领导者突破思维定势，也是一种突破性思维法。

独立思考是领导者做决策的重要前提；是抓住发展机遇的重要环节；是促进企业实现愿景与目标的重要方式。领导者独立思考能力的高低，决定了企业能否走远、能否实现基业长青的目标。那么领导者应该如何独立思考呢？

● 思考小场景 1 如何独立思考？

领导者在学习如何独立思考之前，应该明确"独立思考是什么样的思考"这一问题。

2020年突如其来的新冠肺炎，给中国及全世界都带来了巨大的挑战。也正是这场疫情，让很多企业和个人不得不做出改变。很多企业被打了个措手不及。有一家河北茶饮连锁品牌的董事长，打电话给我：薛老师，我们已经布局开始做省外市场了，因为这个疫情要不要暂停下来，因为看到很多同行都缩减业务线，进行裁员，这个关键时刻，我们怎么办？如果停下来，前期做的所有准备工作可能都要付之东流，如果不停下来，要耗到什么时候啊。

这位董事长在尝试思考，但他的思考是被动的、无效的思考。这种情况在生活与工作中十分常见，最终结果就是在反复的纠结之中选择了一个自己并不情愿的答案，然后在自我折磨之中实行，最终会因各种问题而放弃。所以要不要做下去首先的参考标准是我自己的实际情况，而不是同行业其他人的行为。因为公司结构不一样，员工能力不一样，企业实力不一样，如果只是一味效仿，同行撤我们就撤，同行上我们就上，可能会保持稳定但必然不会有突破性的增长。2003年的顺丰快递就是一个好的佐证。当所有的快递业在非典的冲击下都按了暂停键时，顺丰快递却选择了无论花费多大代价都要包机，甚至购买私人飞机，这也造就了顺丰今天的地位。

● **思考小场景2　面试提问**

我曾经亲自参与过我投资的一家公司的新业务模块面试，面对三位最终的面试者，我只问了这样一个问题："你对自己的未来有怎样的规划呢？"

A是一位应届毕业生，他回答道："我希望自己能够学习更多知识，逐步扩展自己的视野。虽然现在我还有很多技能都没有掌握，但是我愿意去学，希望能够和大家一起成长！"

B是跨行业的转职员工，他回答道："我觉得贵公司是一个很好的发展平台，而且我对这次应聘的工作很感兴趣，我希望自己在未来能够做自己喜欢的工作。"

C是本领域的跳槽员工，他的回答极其简单："我希望留在这座城市，在我们公司学做管理。"

根据他们的回答，最终我们选择了C。为什么？因为他的回答没有多余的话，而且十分明确地表达出了自己的未来规划。A与B虽然都提及自己的规划，但表达得不够明确、具体，其背后原因可能是他们的逻辑思考能力与概括表达能力不足。

有许多领导者也是如此，在思考时抓不住重点，时常陷入两难之中。这样的思考，无法引导行动，并不属于独立思考的范畴。

真正的独立思考不是纠结、跟风的无效思考，而是在理解问题本质的基础上，进行对解决问题有指导作用、对判断决策有辅助作用的思考。独立思考与杂乱无章的思考最本质的区别在于：独立思考有明辨事情本质的基础，有从实际现状出发的思考，所以才能创造适合组织基因的创新性成果。

独立思考最重要的一步就是在了解某一问题后，得出自己的见解，并懂得与他人一起探讨问题，弥补自己思考的不足，从而做出最优的判断。这就是哈佛大学提倡的"自我意见建立法"。

通过自我意见的建立，可以明确得出一个结论，或者指导具体的行动，这样的思考才是有效的思考，才能被称为独立思考。领导者可以通过三个步骤来实现独立思考（见图2-1）。

确定自己对"一件事"理解的程度　　找出自己对"一件事"不能理解的部分，通过查找数据来解决"不理解的部分"　　持有自己的意见

图2-1　自我意见建立法的具体过程

独立思考是自我意见的建立过程，在这一过程中，领导者还要通过不断地追问来达到独立思考的目的。例如在判断项目方案时，可以进行这样的自问自答：

"这个方案怎么样？"

"还可以。"

"还可以是什么意思？是指方案的方向正确，没有什么大问题吗？"

"大致方向没有错误，但仍存在一些小问题。"

"是什么样的小问题？有什么解决方案吗？"

……

　　通过这样打破砂锅问到底的自问自答，可以让领导者一步步加深对方案的了解，从而判断这份方案是否可以使用，并准确地找出方案中存在的问题，发现解决问题的关键。最终用最完美的方案完成项目，获得利润。在自己独立思考的同时，也要鼓励员工去进行独立思考。在日新月异的商界，只有首先具备了独立思考的能力，不跟风的同时还不落伍，才能将企业打造成一个思考型的组织，从而全面提高企业的业绩。

　　除此之外，领导者打破思维定势还有许多方法，例如批判地看待问题等，这些内容将会在后文中进行详细的介绍与分析。

第二节 独立思考是所有思考的根基

独立思考能够帮助领导者摆脱盲目跟风、人云亦云的窘态，使领导者的思维对事物有基本认知的立足点。领导者通过独立思考，去粗取精，结合自身情况，促进思考型组织的诞生。

思考过程是在具体思维的指导下进行的，不同的思维会产生不同的思考过程。独立思考就是在开放的思维模式下进行的思考活动。思考与思维之间具有相互作用，思维能够指导思考，思考也能够影响思维。独立思考能够解决的盲目跟风、人云亦云就是思维问题。

● **思考小场景** **盲目跟风**

有的彩票站会张贴出写有"**站喜获二等奖"等类似字样的条幅，目的是吸引更多的彩民来购买。但透过这件小事我们可以看出，因为这个站出了一个二等奖，彩民就跟过来了，这就是对盲目跟风最简单的解释。

我曾经跟一个朋友参加过一个线下论坛，在那个论坛上有成千上万的微商从业者，但其中的成功逆袭者却寥寥无几，就算如此交钱加入联盟者还是很多。一个很有意思的现象就是当看到有人做了一件收益很大的事的时候，有一大部分人激情效仿，但激情总是短暂的，过后又会说这件事不太好。真正需要的是根据自身情况去分析自己来做这个项目会有什么不同；哪些障碍需要跨越；是否有能力跨过这些障碍。

1. 依赖经验进行判断活动

形成依靠经验进行判断的思维模式，是由于思考时对过去经验过度依赖，以及对自我抱有强烈的自信，且不会认知到自己在思考中存在非理性的因素。要摆脱对经验的依赖，推动组织创新。单纯靠过去的经验去解决未来的问题简直就是自我安慰。

通常我们所说的"第六感觉"就是指经验，有一部分领导者认为自己就是依靠敏锐的直觉抓住风口，成功创业。因此，这些领导者可能会认为依靠经验是一种理性的判断，反而做出了错误的判断。独立思考可以解决这一大复杂问题。

领导者与员工通过独立思考打破对经验的依赖，实际上就是在建立科学的、理性的思维模式。在无形的、理性的操控下，实现思考型组织的创建与发展。

2. 盲目追随"真理"

在哥白尼提出"日心说"之前，"地心说"是被普遍信奉的真理，认为地球是宇宙的中心，日月星辰都是围绕地球而运行。人们在潜意识里认为自己站在食物链的顶端，那么栖息的地球就应该也有着相匹配的地位，理应是中心。这种思维方式就是受自身学识水平的限制，以自我为重，并且根植在人们的固有思维之中。

同样，当我们开始推崇一个人或一个理念的时候，他也就变成了"真理"。一味地推崇将会使人失去理性。武汉某家居公司代理商奉行"听话、照做"四字箴言，甚至将其写在办公室的门口。我去他们公司授课，晚上跟老板吃晚饭时，老板就抱怨了："薛老师，你有没有发现我这些高管们是空有其名，一点思考能力都没有？"我就问他"听话、照做"这四字是哪里来的。他说第三方搞活动①的时候，发现执行老师这种做法很奏效，所以就找了位书法家写下来挂上了。我反问他，既然要求大家听话照做，为何又嫌弃他们没有思考能力。老板反驳我道："我是让他们该听话的时候听话，该思考的时候思考。"我说："如果没有给大家定义出来什么时候该听话照做，什么时候该思考创新，就把那四个字先暂且放到您的卧室观赏一段时间。"其实我们都明白，如果这位企业家在张贴这四字"箴言"前思考下，什么情况下这四个字不能用，什么情况下这四个字才有用，场面肯定会不一样。

3. 机械化思维

机械化的思考是多种思维缺陷与思考缺失导致的，以上两种情况就是其表现出的显性问题。

在机械性的思维模式下，独立思考变得格外困难，因为处于这种状态之下的领导者正在放弃对"自我"的坚持、随波逐流。遇见问题要么依赖外界，要么直接按照要求做事。

例如，上述案例中，那些高管们肯定会抱怨，明明是老板的要求，但在出现问题后，却要自己负责。这种情况就是在机械化思维模式下的行动僵化，没有对上级的指令进行独立分析与思考。

---

① 家居建材行业的一种联盟活动。

那些高管们应该积极寻找问题，并以谦逊的态度指出问题，提出具有可行性的建议，与领导者共同打造思考型的组织。

第三节　如何成为一个独立思考的领导者?

思考要点<<

> "知、止、定、静、安、虑、得"是成为一个独立思考的领导者的必经过程。在这一过程中，领导者可以根据具体方法论的指导，打破思维定势，实现独立思考的目标。

企业的领导者是企业的领头羊，决定着企业的发展方向与长远发展，这需要领导者能够独立思考，不断地提升自己的领导能力，带领员工与企业走向更美好的未来。

中国所有的领导者都会受到传统儒家思想的影响，《大学》中提出："知止而后能定，定而后能静，静而后能安，安而后能虑，虑而后能得。"知、止、定、静、安、虑、得，这也就是独立思考的过程，也是让领导者成为真正的领导者的过程。

"知止"就是明确方向与愿景；"定"就是立场坚定；"静安"就是静心从容；"虑"为思考周到，破除偏见；"得"是付诸实践。根据这一过程，可以得出具体的方法论。

● 思考小场景　依赖经验，可能失败

一家大型煤炭设备企业，近年来因环境治理影响其下游煤炭行业，导致其业务萎缩严重。经多方探索，企业决策层决定开辟一条新业务线，处理垃圾设备。原因有二：

1. 无须添置重型资产，原有研发人员及设备即可满足；

2. 各级政府越来越重视环境治理，市场前景可见。

在大刀阔斧22个月后，项目宣告失败。而后我与该企业一名高管在一次课程中相识，当我讲到"液压挖掘机"创新成功的案例时，他恍然大悟。他项目失败的原因正是陷入了"流动壁垒"的窘境，研发人员依靠研发煤炭设备的经验设计产品，推广人员依靠与煤炭企业打交道的原则与政府单位部门联络。

上述案例，显现出依经验判断的不可行之处，80%的参与者都是在通过"下载"已有的思维与想法，来进行创新，进行变革，具有强烈的主观性，不能从客观的角度分析后进行判断。只有领导者"觉醒"自我思想，停止固有的"下载式"思维习惯，才能避免走入思维误区。这一方法论就是要求领导者不依赖过去的经验，能够根据自身情况具体问题，具体分析。

● 独立思考案例　解除"经验依赖症"是成功的第一步

有许多领导者在意识到"经验依赖症"之后，依然不能走出经验依赖的怪圈。即使你认为自己并没有依赖经验，没有被那些成功的例子

束缚思想，但每当新的成功者出现，你仍然会觉得"我也能够做到那样"。例如阿里的"三板斧"管理之道，一经问世，就被众多领导者追捧，完全不顾自身企业的实际问题，只是一味地生搬硬套，还想着能够凭借此法一鸣惊人，最后却只会败北。

正所谓"鉴于往事，资于治道"，借鉴前人成功的经验并没有错误。但领导者在吸取经验的同时，不能依赖经验，而是要将成功的经验与实际、时代相结合，只有这样才能将经验的效果发挥出来，从而避免"经验依赖症"。

"拼多多"能够在电商平台占据一席之地，从京东、阿里巴巴等电商巨头的口中分得一块蛋糕，就是因为他打破了"经验依赖症"。首先，他借鉴了马云"新零售"的成功经验，将线下与线上相结合，不断提升销量，并在短短几年的时间内就拥有了3亿用户。拼多多在借鉴阿里成功的经验时，也考虑到了现实问题。例如升级消费的市场已趋近饱和、普通的宣传方式变现太慢等问题。

于是拼多多创始人将市场转向"消费降级"的市场，关注那些低消费能力的群体，并依托微信朋友圈进行"病毒式"的传播，从而获得了成功，建立了一个以社交平台为支撑的社交型电商平台。

拼多多的成功在于将成功经验与实际相结合，摆脱了因循守旧的思想，进行锐意的变革。

"今天是一个在过去延长线上找不到未来的时代"，领导者要想避免"经验依赖症"，抓住"未来"，除了要像拼多多一样从实际出发，思考运用成功经验的方法外，还需要懂得吸取失败的教训，从而慢慢减少对成功经验的依赖，培养自己独立思考的能力。

第四节　独立思考的七个步骤

　　独立思考虽然作为一种思考方式，不能被量化或被规范化，但其仍然有具体的方法论帮助指导。企业可以通过定义问题、建立逻辑树、剔除多余的因素，进行决策、制定计划。在实践的过程之中，不断收集信息，发现问题，分析问题，解决问题。

● 独立思考的方法　跳出经验的那些"坑"

　　独立思考是一种有效的、科学的思考形式。很多人会问我：那经验就真的没有用吗？不是，比如医生需要用经验，修车师傅也需要用经验，我们会发现很多地方需要经验，但解决未来的商业问题，创造未来的世界，单凭经验是不够的，我们还需要跳出思维框架，去寻找经验外的东西。

　　我们首先必须要明白经验的特性。

1. 结构复杂，无法量化

　　经验是很多变量组合的东西。变量是不可控的。变量之间相互影响，有的会立马显现，有的会存在时间延迟。有家装饰公司看到友商学"阿米巴"做得不错，于是聘请了很多有经验的管理人员效仿，但结果却不了了之。造成这种结果很有可能是这家装饰公司只看到了对方做得不错，而忽略了对方做了多少时间。因此有很多经验其实是未经过证明的直觉。

2. 自我假设

每个人的认知、价值观不同，诠释的结果可能就不同。很多经验都是从自我假设出发的。

3. 吝啬的

经验只提供了少量的样本，当样本量不足、样本不具备代表性的时候，我们也很难汲取复制。比如有人买了一本丰田管理的书籍，或者听了一堂丰田管理的课程就开始复制丰田模式，如果有这么简单的复制方法，全世界要出现多少丰田？

综上所述，我们要跳出经验的那些"坑"，把握好经验的尺度，而不是完全依靠经验去解决所有问题，更不是靠经验创造未来。

第三章

批判思考：
先思考问题的本质，
再去寻找解决方案

认知的局限性导致领导者鲁莽地得出结论或者不规范地、不假思索地任凭下意识做出决定。而批判性思考的目的在于向内的反思，寻找更多的可能性。传统和固化的思维会禁锢我们的认知，这就需要我们运用批判性思考，不断学习，经常反思，定期评估。批判性思考是向内构建自己认知的思考方式。

第一节 关于批判性思维的"五个误解"

思考要点<<

> 批判性思维是领导者进行批判思考的重要思维方式，但许多领导者都对批判性思维存在"误解"。如果不厘清这些"误解"，就会使领导者进入思维的"误区"，从而与其打造思考型组织的目标渐行渐远。

批判性思维是学校教育的一大重点，同时也是领导者管理的一大重点。但不论是学校教育，还是企业管理，都对批判性思维存在"误解"。帮助领导者正确理解批判性思维，走出误区，为运用批判性思维打下基础。

● 批判性思维误解一　"批判"不好，容易挫败员工的积极性

"批判"是指批驳否定错误的思想或言行，还有"批示判断"之意。从其词义来看，"批判"并不承载着负面信息，不是恶意的否定，而是客观指出错误之处。

例如，很多领导者倡导以人为本带领团队，但当下属主动拿来一份公司价值观内并不倡导的方案时，很多领导者就犹豫了。如果不驳回，公司不能允许这样的行为出现；如果驳回，打击了下属的积极性，可能影响其主动性。于是领导选择旁敲侧击给下属说说算了，结果就是下属一头雾水地走出了领导的房间，纳闷领导到底是允许还是不允许，但此时的领导有可能在房间暗喜：这个旁敲侧击好啊。

批判性思维就如同"说理"一样，以现实为基础，用客观事实与道理，以真诚的态度、善意的方式，去发出不同的声音，这样才掌握了批判的本质。领导者与员工用这样的批判性思维去看待问题，将促进思考型组织的建立。

● 批判性思维误解二　怀疑就是批判性思维

批判性思维是用客观的角度去看待他人的想法与问题，而不是用偏见的眼光去看待。领导者可以怀疑其他人的建议与想法，但不能无凭无据、捕风捉影。

福尔摩斯说："在没有得到任何证据的情况下是不能进行推理的，那样的话，只能是误入歧途。"领导者的批判就像是推理，没有任何证据的批判最终会使其丧失独立思考的能力。

曾经，仅仅因为小龙虾喜欢在河底生存，就有小道消息称小龙虾含有寄生虫、重金属等有害物质，吃小龙虾就相当于慢性自杀。这使小龙虾一度遭到"封杀"。但小龙虾最终还是突破了重围，成为了人们喜爱的餐桌美食。

杭州市市场监管局为此对小龙虾进行了一组测试试验，让小龙虾得以"沉冤得雪"。根据试验结果，发现大部分小龙虾中的铅、镉、无机砷、甲基汞、铬等重金属指标皆在国家规定的安全范围之内。最终得出结论：小龙虾的虾线与虾头虽然聚集了体内的污染物与废物，但只要处理干净，可以放心食用。

从小龙虾的实践之中，我们可以了解到空口无凭的猜想与怀疑在一般情况下会带来负面影响。怀疑是批判性思维的出发点，但要依据事实基础。

怀疑只是批判性思维的一部分，并不能等同。企业在发展的过程中可以继续保持怀疑，但要有尊重事实的态度，身处企业之中的员工才会以此为准，从而促进思考型组织的创建。

● 批判性思维误解三　求全责备是批判性思维的表现

求全责备就是对人、对事要求十全十美、毫无缺陷。但"人非圣贤，孰能无过"，领导者会受到生活环境、周围人的影响，在认知与思维上会有局限性，甚至可能出现偏见与错误。这个时候领导者往往会把指责性思维与批判性思维混淆。

领导者培养批判性思维，从根本上把握自身的局限、偏见与错误，以便及时改正，而不是一味求全责备。

我受邀去一家游戏公司主持九伴7步共创®战略工作坊。公司的主营业务因受到腾讯各方面的制约，发展异常艰难，而此时因为其游戏画面颇有美感，一家广告公司提出合作事宜。广告公司承包游戏内所有的广告页面，由游戏公司设计团队继续开发游戏并设计广告。同时要求游戏公司停止会员服务，只留充值服务，这样便可以吸引更多的玩家。如果这样做，公司虽然不挣大钱，但可以存活下来，以图日后突破；如果不这样做，以现在的业务发展，公司很难挺过三个月。我们以U型对话的方式，让大家展开思考与感知。最后大家一致决定先生存，再发展。

五个月后，经过一些积累和修整，公司发展得还不错，但毕竟跟广告公司合作同样受制约，并且广告公司的行为逐渐开始挑战游戏公司的价值观了。到底是直接跟广告公司切断合作，还是内部孵化一支新的团队开发新产品？直接切断，无法保证公司收入来源；内部孵化，人力、财力都是问题。会议还没开始时，有位高管就开始发言："我们走到今天这样的结果，都是因为当初你们选择跟他们合作，如果那个时候咬咬牙挺过去，估计现在也不会有这么麻烦的事情，我这人完美性格，批判性思维，实话实说，大家别介意……"我赶紧与其沟通："批判性思维是对内的，而不是对外的，我们在讨论可行性时说可行性的问题，在讨论执行时要讨论可靠性，而不是一味地对别人的想法提出批判。"

● 批判性思维误解四　批判性思维就是争论输赢

争论是批判性思维表现的方式，但并不能画等号。在批判性思维之中的争论，不是以输赢为目的，而是以得出正确的方法与建议为目的。

诸葛亮"舌战群儒"是为了说服孙权对抗曹操，是以"赢"为目的的论战，是一场辩论性质的论战。而企业内部的争论，不是辩论比赛，是为了共同促进企业的发展，即使争论得"脸红脖子粗"，也有共同的目标，不需要分出输赢。

在争论的过程之中，领导者与员工要懂得互相尊重，不能因意见不合而污言秽语，扰乱团队军心，或者是用非客观的观点与片面化的证据与现象进行诡辩。特别是有一些口才十分了得的员工，在争论时常常会以诡辩误导他人，这不利于提升群体决策的正确率。

● 批判性思维误解五　批判性思维要"以和为贵"

批判性思维实际上是一种理智的思维，这要求企业全体员工要互相尊重，尊重他人的观点、尊重多元。但这并不是意味着领导者要放弃对是非的明辨，不是要让员工去"和稀泥"，从而维持企业表面上的安稳。领导者应该以客观公正的态度，在这些想法与建议中进行判断与选择。

例如，在企业中有员工偷奸耍滑，即将做出危害企业利益的事情，要不要举报？在这种情况下，如果员工依旧坚持以和为贵，就是放弃了对公正与正义的坚持。

批判性思维不是简单地以和为贵，而是明辨是非，坚守正义与公平。

解开了对批判性思考的"误解"后，企业就可以正式了解究竟何为批判性思维？透彻了解后，才能将批判性思维运用到企业之中，打造思考型组织。

第二节　什么是批判性思考？

思考要点<<

　　企业里的很多问题不是简单的非此即彼，非黑即白，如果我们要找到一个完美的解决方案，就需要让自己拥有"批判性思考"的能力，能够对各种信息、观点（包括我们自己的观点）提出质疑，并作出自己的判断。

● 批判性思维的定义　别以为你真的懂"批判性思维"

　　首先批判性思维是一种判断的能力，是对自我认知多方向探索的一种能力。

　　我是一个北方人，但我特别喜欢吃火锅，尤其是川渝火锅，喜欢从"麻辣"中思考。有一次我去一家重庆的火锅连锁拼盘店上课，课后一起走进他们自己的火锅店，当毛肚之类的涮肉端上来后，我就产生了疑问，为什么毛肚下面有冰块？工作人员答：需要冷藏，才能保证没有异味。我又产生了疑问：那这个冰块这次用完了会二次利用吗？工作人员答：一般都倒掉了。第一，倒掉与不倒掉我看不到，二次污染的阴影还在我心头；第二，有没有方法不到掉还能解除客户的疑问呢？工作人员答：我们都是这么做的。第二天课上我就提出：我们能不能在端上类似于这样菜品的时候，先把冰块拿过去，当着客户的面贴上保鲜膜，之后菜品再拿过去用夹子摆在上面呢？大家认为太费事了，需要很多服务员，成本太高了。我又解释：但大家有没有想过，这有可能就是你们店的特色，让所有顾客都明白，我们家的冰块不会产生二次污染，只冰块费用企业也可以节省一部分。后来，这家火锅店还真的做了改进。只不过他们采取了更好的方式。

从案例中我们可以看出，批判性思维就是提出各种假设：

1. 为什么是这个样子？

2. 为什么不是那个样子？

3. 有没有比这样子更好的方案？

4. 这个方案又存在什么风险和机会？

我之所以把独立思考和批判思考放到一起，原因就在于他们是相辅相成的。我们首先抛开经验，驾驭独立思考，不盲信"真理"，才可以进行对内批判，思考可以做什么改善，还有哪些创新的可能。

● 批判性思考模型　解构思维元素

要培养自己和组织的"批判性思考"能力，我们首先要了解"批判"这个词。

"批判"是指评价、评判，批判不是批评。在企业里，因为"批判"这个词会让人误以为是否定和质疑，所以很多人把"批判性思考"理解成负面的批评，这种理解是错误的，员工需要转变自己的认知。

"批判性思考"，指的是通过假设和目的，解构自己的思维元素即问题、信息、观点、概念、推理、意义，对自己了解到的信息进行系统的评判，从而做出更好的决策和判断。它是一种有目的而自律的判断，是需要相应的思考技能的，这些技能建立在一系列环环相扣的关键问题上。"批判性思考"的模型如图3-1所示。

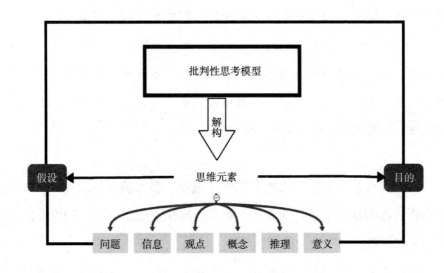

图3-1　批判性思考模型

如果将以上的模型翻译成我们比较容易理解的说法就是：审慎地运用推理去断定一个事物的真伪。

批判性思考是向内构建自己认知的思考方式。信息本身和他人的意见是我们"谨慎判断"的对象，自己的意见和想法也要"慎重思考"。

● 批判性思考案例　用批判性思考决定如何投放市场

本书所阐述的批判性思考不可断章取义，比如在组织下达既定任务的时候，从下级角度进行批判是否执行是不可取的，而是要对内批判思考，如何执行会更好。

云南有一家辣椒辅料厂商，年销售额近8个亿，且已经维持了5年之久，但并没有突破。董事会决定成立一家子公司，专门生产、经营景区产品。对于打开景区渠道，各方说辞不一。经过九伴7步共创®经营工作坊①的几次运作，最后一致决定走渠道代理模式，理由有二：第一是因原来只有生产制造业经验，投入市场营销成本不可预估，风险太大；第二是新公司的注册得到当地相关部门支持，而本地景区产品销售代理商受当地政府部门引导，可在相对成熟的市场上进行大规模投放，引发连锁效应，在发展本土特产上有一定利益优势。

在批判性思考中，观点的多少非常重要，观点越多，越能清晰地了解事物。而增加观点最好的方法，就是提出相反的意见。我们再以前面的"如何投放市场"为例说明。

原来的意见是"渠道代理模式"，相反的意见就是"自主经营"。意见需要依据支撑，相反的意见同样需要依据（详见图3-2）。

我们把自己能想到的"依据"全部罗列出来，然后与原本的意见进行对比加以评估，进而再谨慎考虑有没有出现偏见。在进行反向的思考之后，你就能明白"到底是渠道投放还是自主经营"。这家公司最后选择了自主经营，2019年春节前我去云南度假，发现其旗舰店已经有10余家，产品也增至40多个种类，迈出了本土品牌建设的第一步。

---

① 九伴7步共创®经营工作坊是在找到商业模式和战略方向后，实现在清晰的商业模式下确定战略体系（战略目标层层解码），并盘点出战略执行可能遭遇的堵点，确定能够突破堵点的关键战略。所以九伴7步共创®经营工作坊要完成的是从商业理念（商业模式和战略方向）到行动的关键一步，有了这一步，才能让企业里面所有的人行动一致。

如何投放市场？

原本意见：渠道代理模式。

| 根据 | 理由一：没有市场营销经验，风险大；
理由二：有当地政府部门支持，发展本土特产有优势。 |

相反意见：自主经营

| 根据 | 可挑选一两个人流多的景区，建立旗舰店，打造自主品牌，投入可接受，可进可退，并且不受下游分销商影响。最关键的是长远考虑，如果效果明显，可立即反扑市场，增设门店。 |

| 两者对比思考 | 两者对比思考，比如：
——政府的支持力度有多大？
——渠道维护经验是否充足？
——旗舰店管理与品牌打造投入可否承受？ |

图3-2　增加观点，思考"相反的意见"示意

● 互动　练习

　　培养批判性思考能力，首先就得训练自己用不同角度去思考别人会如何认识一个问题，避免自己的思考陷入狭隘。请试着填写表3-1，了解你和你周围的人在"企业是否实行绩效考核"问题上的认识差异。

表3-1 自己和他人想法的差异

观点	你的想法	管理者想法	下属想法	老板想法
企业是否实行绩效考核？				
实行绩效考核对自己有什么影响？				
绩效考核能提高团队执行力吗？				
绩效考核该如何做？				

第三节 一个简单的模型，帮你建立批判性思维

 **思考要点<<**

WYHI思维模型就是将推理判断的三大因素：对象、结论及依据分解为四个步骤，即明确观点，确定来源；寻求理由与依据；判断论证过程；进行多角度的观察判断。通过四个步骤，快速培养领导者的批判性思考能力，为思考创新创造条件。

批判性思考就是对某种观念与行为进行推理判断，而推理判断一般都会包含推理判断的对象、判断的结论以及判断的依据这三大部分。因此从这三部分来进行批判思考，可以帮助领导者迅速提升批判性思考的能力，从而打造思考型组织。

● WYHI 思维模型　建立批判性思维

WYHI思维模型将对象、结论与判断这三大因素逐一分解细化，以更为清晰的思路，在短时间内的培训中，帮助领导者快速建立批判性思维，提高批判性思考的能力。WYHI思维模型如图3-3所示。

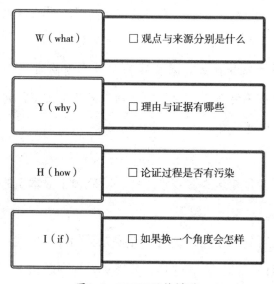

图3-3　WYHI思维模型

WYHI思维模型中的"对象"就是领导者；"判断"是一个论证过程，包含寻找观点的来源、取证、寻找依据；"结论"就是判断的结果。使用WYHI思维模型，会在得出结果之后，继续判断结果是否正确、是否具有可行性，然后找出需要改进的地方，最后再取证、得出结果。

因此WYHI思维模型是一个流动性强，且循环的流程，并在循环中不断地提升员工与领导者的判断能力，建立批判性思维，促进思考型组织的培养与发展。

● 思考小场景 WYHI 思维模型的四个步骤

1. 明确观点及其来源

某企业在开早会时，员工纷纷提出自己的想法。员工甲说："每天都要开会，又不知道说什么，而且会议上也没有什么建设性的意见，天天浪费时间在开会上面，长期这样下去也没有什么效果。"

员工甲说的这段话虽然看似在抱怨，实则隐晦地表达了自己的观点：希望取消每天的会议。领导者仔细思考了员工甲的建议，将每天的会议改为每周进行一次。

上述例子就是在从许多观点之中，明确员工最本质的观点与看法，从而避免判断的对象出现错误。

领导者在得到员工的建议时，需要先明确并分析其观点是什么，而后再究其观点的来源。只有这样，才能更好地理解员工的建议与想法。如同议论文一样，作者都会在开头或者结尾点明主要论点，并阐述论点的大致来源，在结构上实现"总——分——总"，让读者一目了然，不至于读完还是一头雾水。

对于已经在过去被论证过的观点和建议，企业只需要判断是否符合逻辑、是否适用于本次行动即可。但对于那些在原有的观点上衍生出来新观点、新建议，企业应该更加谨慎地对待，通过寻找其来源，判断其是否会与当下实际情况相冲突。这一步就是将复杂的事情简单化，从根源上进行判断。

领导者与员工可以通过以下问题，全方位地判断观点与建议是否具有可操作性：

这个观点发表的渠道是什么？

提出这个观点的人是谁？

提出这个观点的人是否有相关领域的专业知识？

提出观点的人与再次提出该观点的人是否存在某种利益关系？

明确观点及其来源是WYHI思维模型的第一步，也是其他工作开展得以顺利开展的先决条件。

2. 厘清判断的依据与理由

根据WYHI思维模型，批判性思维的第二步就是分析为什么要提出这样的观点与建议，并为判断提供理由和证据。

小米是第一个以"饥饿营销"为主要营销方式的手机品牌商，首先通过宣传激发顾客的消费欲，其次运用限量抢购，提高知名度。这使小米的销售业绩在国产手机品牌中遥遥领先。

"饥饿营销"在中国就是一个新观点，支撑该营销模式的依据是：

2011年，小米发售正好赶上功能手机到智能手机转换阶段，市场需求量大，为"饥饿营销"创造了条件；

当时其他的国产手机品牌还未成为超级大牌，市场份额分配比较分散，小米可以快速进入市场，没有太大阻力；

小米公司才刚起步，没有资金自建工厂生产手机，只能依靠轻资产运作的模式，而"饥饿营销"可以降低公司的资金周转压力。

以上就是支撑小米"饥饿营销"的依据与理由。小米在明确了依据与理由之后才将这一营销模式放入实践过程之中，最终通过了实践的检验。

只有具有充分理由支撑的观点，其成功率才能极大地提升，否则观点将只能是观点，不切实际。其他领导者也是如此，只有找到足够的理由与依据，才能进行判断，才能看见这个观点的价值。

充分的理由与依据是由若干个证据组成的，这形成了一个完整的证据链条。因此领导者要先判断证据是否合理、是否真实。这需要企业从证据的来源出发，并不断地问自己：为什么选择相信这个证据？是否有其他可以代替的证据？除了这些证据，是否还忽视了有其他的关键信息？一般而言，越是超越常规的观念，越是要去收集证据，如果找不到证据，大多数都是不可实现的观点。

通过上述分析，明确证据真实可靠后，就可以对理由与依据进行判断，通过层层递进的方式做出最终的判断，即是否采纳这个观点。这样才能提高企业全体的批判性思考能力。理由与依据是企业做出正确判断的先决条件，企业绝不能轻视。

3. 判断论证过程

批判性思维的第三步便是判断论证过程是否有污染，通过这一步可以降低结论的不可靠性。

论证过程就是提出一个观点后，通过列举证据证明观点的过程。当理由与证据成为进行举证的充分必要条件时，被证明的观念才能基本上确立。

观念是批判性思维的对象，而观念又带有个人倾向，因此从观念延伸出观点也会带有部分的个人倾向，从而使观点被污染，出现情感偏差与证实偏差。而企业判断论证过程，就是判断举证过程中是否出现这两种偏差。

情感偏差就是领导者与员工在对不确定的事情进行判断时，会无意识地根据自身的经验、直觉进行判断，这使其判断带有明显的主观性，很容易出现错误。

而证实偏差就是领导者与员工只相信自己的所见与所得，并根据这些找到能够证实的证据与理由，忽略其他能够否定这些观点的信息，甚至还会通过贬低其他员工的观点，来捧高自己。这种证实偏差，往往被美其名曰"对信念的坚定"，实际上只是自欺欺人罢了。

除此之外，企业还需要判断论证过程中是否存在逻辑谬误。常见的谬误有诉诸感情、错误归因、滑坡谬误、诉诸虚伪等24种逻辑谬误。

情感谬误就是用情感去代替逻辑，从而激起他人的心理波动，是一种带有欺骗性质的、不光彩的手段。任何不以逻辑为基础因素的判断行为，基本上都属于主观性判断，不能确定观点是否成立。

福尔摩斯曾说："本来是一个推理过程，但当原先的推理一步一步地被客观事实给证实了以后，那主观就变成客观了，我们就可以自信地说达到了目的。"推理论证应该是以客观事实为依据，而不是片面的、带有主观性质的证据。企业在做出决策之时，也是如此，需要通过客观论证，才能进行具体的行动，这也是打造思考型组织的必经之路。

4. 通过设问，换角度思考

"IF"是WYHI思维模型培养批判性思维的第四步，即企业通过设问回答，从不同的角度探知观点是否正确、是否适用。

正如"一千个人中有一千个哈姆雷特"一般，每一个人看待问题、提出观点的角度不同，企业要想全方位把握观点，就需要从他人的角度去观察，从而实现思维的多元化，这也是批判性思维的要求。

例如，阿里团队在制定团队目标时会进行目标宣讲，在这一过程之中，员工会不断地提出自己对已确定目标的看法，思考在实现目标时可能会遇见的阻碍，在被证实后，就会对目标进行调整。阿里这就是在培养员工的批判性思考能力。

其他领导者也可以通过集思广益的方法，从不同的角度去发现观点的另一面，从而做出最终判断：是否采纳该观点。这一过程不仅提升了员工的批判性思考能力，还促进了创新性观点的涌现，为打造思考型组织创造条件。

WYHI思维模型通过4个步骤的反复循环，快速地培养企业员工批判性思考能力，虽然不能100%将判断的错误扼杀在摇篮里，但能在最大程度上提高企业的判断能力，促进思考型组织的形成。

第四节　如何成为自己思维的批判家

思考要点<<

领导者要想成为自己思维的批判家，需要保持思考独立性，对世界怀有好奇心，用理智战胜情感，用发问发现思维的闪光点与漏洞，养成自我批判的习惯。领导者还可以通过阅读层层递进，提升自我批判的能力，为打造思考型组织贡献一份力量。

在企业的大环境之中，有领导者与企业培训帮助员工培养批判性思考能力，除此之外也可以通过自我训练提升自己的思考能力，从而提高自己的思维层次，这是提升自我价值的阶梯。

如今批判性思维依旧是少数人的"武器"，能将这件武器运用得炉火纯青的人物，必定不会平凡。批判性思维对外是武器，对内是助力。领导者与员工应不断提升自己的思考能力，解决工作中的"拦路虎"，为自己创造更美好的未来。

● 要点分析　自我批判的四个基本方法

要想更优秀，就要向内审视自己。

1. 保持思考独立性

在信息"碎片化"的时代，每天都有人试图改变他人的认知与信念。例如，营销号会用"病毒式"的方法散播信息，给他人"洗脑"，并且效果较为明显。

例如，还有一些商家为了刺激消费，鼓吹女性即使没有钱也要对自己好一点，在这种观点的影响下，许多女孩开始"裸贷"去购买奢侈用品。据报道，"裸贷"的女孩有一大部分都是大学生，知识素养较高，但是因为没有判断能力，经不住诱惑。

所以首先能够保持独立思考是提高判断力的重要条件。不仅是领导者，我们每一个人都应该在接受他人的观点之前，多问自己："谁在说真话，谁又在说假话？""是我的认知错误，还是别人传递的观点错误？""这个观念为什么是正确的？"等等。

不断提问与回答的过程，就是在不断地提高自身的独立思考能力和自主掌握能力，从而提升批判思考能力。

2. 对世界怀有好奇心

居里夫人曾说："好奇心是学者的第一美德。"这句话适用于每一个人，好奇心是每一个人的美德。领导者如果能一直保持好奇心，就不会对工作感到无聊，会不断地探索，提出创造性的建议。

我去过一家以美食为主要视频内容的创作团队，他们每一个人都对世界抱有好奇心，总会有一些幽默而古怪的点子冒出。某天，其团队中的一人，在看见电风扇转动时，就联想到"爆米花雨"，于是改造烤火炉做爆米花，并通过对电风扇的改造实现"爆米花雨"，让观众惊呼厉害。他们的团队也被网友称为"除了做饭，什么都会的美食创造者联盟"。

该团队的主要工作就是制作美食视频，但如果只是做饭，成员很容易就会丧失对工作的热情，使观众产生审美疲劳。如今因为团队的好奇心，团队成员总能在工作中发现新奇的创意，从而获得大量粉丝的关注，实现流量变现。

其他的领导者与员工也可以通过保持好奇心来进行创新，也许并不能每时每刻都迸发出创新的灵感，但能提高自己的思考能力，为自己的判断提供更多的可能。

3. 战胜情感，坚持交流

这里的"情感"并不是单纯地指喜、怒、哀、乐等情绪，而是包括认知、经验、价值观等深层次的方面。有吸烟需求的人，可能需求也不同，有的人单纯就是有烟瘾，靠香烟提神，这是功能需求；有的人发现身边的朋友都吸烟，为了保持与大众相同，他拿着香烟，有人就吸，没人不吸，这是情感需求；假如今天你去参加一个酒会，那里的男人为了彰显社会地位，都拿着不同的香烟或雪茄，这是社会价值需求。

千人千面，即使是在相同的文化环境之下，每个人的经历也都各有不同，基于这些经历建立起来的认知、价值观等也有差异。领导者应该承认差异的存在，而不是自欺欺人，这是成为自己思维的批判家的前提。

当领导者提出一个观点之前，首先需要考虑自己观点的合理性，这可以通过上文中提及的WYHI模型来实现。当反驳一个观点之前，需要审视自己是因为个人的喜恶而反驳，还是因观点本身存在问题而反驳。批判其他观点的前因，决定了本次反驳是否是批判性思考的结果，是否是客观理智的成果。

因此，领导者应该保持开放的心态，以客观理智的态度去对待每一个观点，并改正自己的偏见与错误认知。

除此之外领导者还需要坚持发问，不管是对自己还是对别人，自己的认知总会有局限，通过他人的看法来反思、批判自己的观点，是一种有效打破局限、发现盲点的方法。这一过程之中，发问只是发现其他思维闪光点的过程，而不是争论输赢的过程，要以理服人，不以诡辩取胜。否则，即使胜利也是在自我催眠、欺骗他人，并不是真正对自己的思维进行批判。

4. 养成思考的习惯

养成思考的习惯，需要长期坚持、反复练习。例如，当某一个员工说出自己的看法后，其他员工经常会问：“你这句话是什么意思？”这种发问基本上无效，因为有一方没有思考，只是在等待提出看法的员工继续陈述。

具有独立思考能力的领导者在面临这些问题时，会避免“心电感应"，会通过自己的分析与理解，说："我明白你的意思，但这中间可能还有一部分缺漏，缺少……"领导者在面对任何观点时，都应该保持这样的思维习惯，从而不断发现自身思维存在的弱点，有针对性地提高自己的判断能力。

除了在面对他人的观点时需要注意习惯，领导者在自己提出观点时，也要注意培养习惯。在提出观点之前，不断地做出假设，思考观点的漏洞，思考自己表述观点的话语中是否含有语义不明之处，并及时调整。在提出观点时，要避免使用能激发出其他员工强烈情感波动的词语或语气，使其他员工被情感"绑架"，不能客观地判断观点，导致交流无效。

● 思考小场景　通过读书提升对自我思维的批判能力

我在授课过程中对多家企业的领导者进行过访谈。其中一位非常成功的领导者认为"读书无用"是那些已经通过读书获利的人设置的陷阱，目的就是为了减少未来隐藏的竞争者。

这位领导者还说，如今有很多年轻人内心浮躁，不肯静下心来仔细钻研，想一步登天。但一步登天也需要有积累，就像鲤鱼跃龙门之前，会经常跃出水面，练习跳跃。因此只有积累，量变才能最终达到质变。

在访谈结束时，这位领导者还呼吁大家多去读点书，这能够发散思维、扩展自己的心胸与见识。我个人也非常认同他的观点。

正所谓"书中自有颜如玉，书中自有黄金屋"，读书不仅能够提升自身的知识素养，还能训练自身的思维，书是祖祖辈辈留下的智慧结晶。领导者也可以通过读书提升思维判断能力。

阅读的五大类型，如图3-4所示。

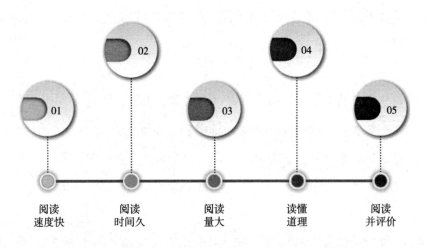

图3-4　阅读的五大类型

阅读的五大类型也代表着阅读的几个层次与阶段，不同层次的阅读对领导者与员工思考能力的提升程度也有所不同，对自身思维的批判程度也有深浅之分。

阅读时间、阅读速度、阅读量这三个层次对应着思考的第一阶段，在这一阶段里，领导者与员工的思考内容为：

这本书的主要内容是什么？阐述了怎样的观点？

书中的重点是什么？大致框架结构是怎样的？

在书中，作者提出了哪些问题？这些问题是否都得以解决？

如果是自己面临这样的问题，会做出怎样的决定？

第一阶段还处于简易的思考阶段，主要围绕作者，即观点的提出者进行思考，从而明确观点的构成，促使领导者与员工实现思想上的萌芽。

读懂道理属于阅读的第二阶段，此时领导者与员工应该了解作者是如何写出这一本书的。具体的操作方式如下：

找出重要的章节、段落、句子、词语等，并从中找出主旨内容；

在这些重要语句的关联之中，梳理整本书的逻辑；

尝试通过读这本书，与作者在某一方面达成某种共识；

找出作者还未解答的问题，并尝试思考这些问题的解决办法。

处在这一阶段的领导者，通过对全书宏观与微观的全面掌握，从而发现一些问题，并试图用自己的思考解决这些问题。跟随作者思路思考的比例在缓慢降低，而从自我思维出发进行思考的比例在逐步增加。这就是在通过其他的观点引发自身的思考。

阅读且评价是最高层次的阶段，是一个拔高式的训练阶段。领导者与员工在与作者的观点冲突时，可以重点划出冲突内容，并在空白之处写下自己的看法与建议，等阅读完整本书，并全面掌握整本书的内容后，将自己记录下来的观点与作者的观点进行对比，判断自己的观点与作者的观点存在什么漏洞，还可以查阅其他资料来佐证判断。

领导者可以通过读书，在阅读的三个阶段有针对性地培养自我批判的能力。通过作者的观点刺激出自我的思考；通过深入阅读，得出自己的观点；通过全面掌握书中重点，进行自我批判。通过不断地阅读，成为自我思维的批判家，从而促进思考型组织的诞生。

第五节　批判性思考的养成从"学会提问"开始

思考要点 <<

　　找到支撑观点的理由，判断一个观点的价值，这是批判性思维的思考过程。在这一过程中，领导者可以通过"海绵式思维""淘金式思维"提出问题，明确观点本身与支撑观点的理由。并据此做出判断，从而锻炼批判性思考能力。

● 思考小场景　不会提问就会出力不讨好

　　我遇到过一位企业领导者在企业内部设置了匿名的"老板信箱"，目的是让员工大胆地说出自己的想法与建议，有许多员工都通过这个方式，来提出自己的想法与建议，甚至是发牢骚。

　　这一信箱为管理者带来许多工作，每天都会有信件堆积下来。员工在信中提到的每一个想法与建议，都需要领导者去思考、判断，工作量巨大。在判断时，有时还不能理解信中具体的观点，而由于是匿名信件，领导者又无法与提出这一观点的人进行讨论。最后，"老板信箱"因效果不明显而被取消。

以上场景中描述的方法虽然能够帮助企业成员培养批判性思维，但耗费的精力巨大，这对于小微企业来说具有可行性，但对于大企业来说是吃力不讨好。

批判性思维要求企业全体人员能够对自己的所见所闻做出回应，做出判断与选择，筛选出那些具有创新价值的观点与想法，或者是为自我判断提供全新的视角，进行更为准确的自我判断。

但随着"碎片化"信息的比例不断增大，信息获得的渠道不断增多，领导者与员工每天获得的信息量剧增，甚至还有媒体进行信息轰炸，强制灌输观点与想法，让人无法选择。此时，就需要通过多提问题，将这些信息与观点进行系统性分类，保持自我、保持理性。

培养批判性思维要求领导者与员工在提出问题的过程之中，找出关键问题，主动利用关键问题，培养提出与回答关键问题的能力。

● 要点分析 | 寻找问题的两种思维模式

找出关键问题是进行批判性思考的前提，而寻找问题有两种思维模式："海绵式思维"和"淘金式思维"。

1. "海绵式思维"

"海绵式思维"就是进行海量的阅读，收集大量的信息，为复杂的思考打下坚实的基础。然而运用这种思维模式，可能会面临无法取舍的情况，更有甚者还会被大量信息洗脑，丢失自身的观点。

海绵式思维一般都是先收集信息，再进行筛选，比较被动。在完成收集后，可以通过设问，找出真正需要的信息。

运用"海绵式思维"筛选关键问题时，可以从以下的设问出发：

我是否有观点？我的观点是什么？

我需要哪些方面的信息？

寻找到的信息是否真实可靠？

我寻找这些信息是为了证明自己的观点，还是完善自己的观点？

这些信息是否可以实现我的目的？

通过设问回答，领导者与员工可以将信息收集的范围逐步缩小，然后再去考察信息的真实性。这样基于大量信息的判断，会降低判断失误的概率。当然这类思维模式需要花费更多的精力与耐心，才能达到自己的目标。

2. "淘金式思维"

"淘金式思维"与"海绵式思维"相比，目的性更强，是主动选择需要相信的信息或者需要忽视的信息。在收集信息时，有这样一份提问清单：

其他人为什么要让我相信他的观点与想法？

我是否已经将其观点与想法记录了下来？

我对其他人的想法与观点是否持有客观公正的态度？

基于其他人合理的观点与想法，我是否可以得出自己的结论？

淘金式思维能帮助领导者与员工快速地找到关键问题，且花费的时间与精力也更少。

以上两种思维模式都可以通过提出问题培养批判性思维，且各有千秋。但在运用这两种思维模式之前，最好先判断是否有必要对这一观点进行判断。

每个人每天产生的观点众多，其中无用的观点占据大部分，如果对每个观点都一视同仁，进行判断，完全就是吃力不讨好。

● 思维模式的运用 需要提出的两大问题

根据以上两种思维模式，可以从观点本身，或者从支撑观点的理由出发，明确批判的对象，做出最正确的判断。

1. 论题是什么

论题就是要明确观点的内容与其表达的意思。在议论文中作者会直接提出自己的论点，使读者快速抓住重点。虽然实际情况与写议论文不一样，但在一般情况下，领导者可以根据论题的种类与特征寻找论题（见图3-5）。

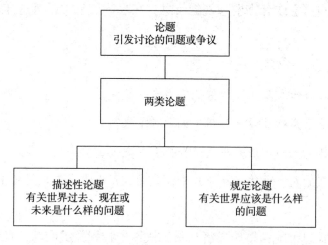

图3-5　论题的两大类型

但在大部分情况下，许多领导者面临的问题、观点都被隐藏在事件之中，很难发掘。此时，就需要通过寻找结论来确定论题、观点。

他提出的建议包含的主要观点是什么？

他希望我相信什么？

这两个问题的答案就是结论。一般而言，结论需要其他的观点来支撑。在没有支撑的情况下，对某件事情的断言不是结论，而是纯观点。在事件的描述中或者是观点的陈述中，一般会出现结论的指示词，例如"因此""表明""问题的本质是""由此可知"等。根据提示词可以快速地找出结论。

结论出现的位置一般也比较固定，员工一般在提出建议与观点时，都会将其放在描述的开头或者结尾，方便其他人了解自己的想法与观点。但值得注意的是，例句、数据、背景资料等只能作为支撑结论的信息，而不能成为结论本身。

通过上述内容，领导者可以快速掌握其他人员的观点与想法，不会会错意，根据错误的观点做出错误的判断。

2. 理由是什么

如果将观点看成一棵大树，那么理由就是发达的根系，为大树不断输送养分，支撑起整棵树的生长。没有根系的树，逃不过枯朽的命运；没有理由的观点，经不起检验，只会被淘汰。只有找到支撑结论的理由，才能判断一个观点的价值。

寻找理由支撑观点的过程就是论证过程，论证必定有目的，质量有高低之分。在论证过程之中，可以提出下面的问题来辅佐论证：

提出这个观点的人为什么会相信这个观点？他有哪些理由？

这些理由是否是其在理亏词穷之时胡编乱造的？

在进行论证之时，还需要避免一厢情愿的情况。这就需要领导者不断地问自己："到底是我主观上坚信这个观点是真的，还是客观上确实是真的？"

2018年年末，华为手机产品线的最高领导者何刚在nove4的发布会上表示：华为手机2019年的发货量目标预计在2.3~2.5亿台。"2亿台只是一个起点，我们后续会进一步改进产品和服务，在未来实现更高的发货量。"但这并不意味着，华为追求目标，而不顾市场的反馈，2019年的销量也会随着市场的波动，不断地进行调整。

上述实践中，华为制定的目标就是一个观点，支撑其目标的理由就是市场反馈的数据情况。在企业中，数据往往比道理更加令人信服，因为以数据作为判断的理由往往更为客观、理性。

领导者可以让员工们在讨论时，带上纸与笔，记录他人提出的建议，并通过对自己提出问题、回答问题，形成一个清晰而完整的思路，从而最大程度剔除干扰因素，做出最正确的判断。

第六节　批判性思维的四个层级，
　　　　你到达哪一层了？

 思考要点<<

是否能够反思自身的思维方式，是判断一个人是否具备批判性思维的根本方式。批判性思维的层级划分为：思维反思阶段、思考起点上升阶段、行动提升思维阶段、行动与思维统一阶段。领导者可以根据每一个阶段的不同表现特征来判断自己的思维层级，并针对弱势层级进行训练。

● **思考小场景**　**思维层级太低，就不懂得运用知识**

批判性思维不仅是对观点进行判断、批判的思维方式，还是一种反思的思维方式，是当代社会选拔顶尖人才的一项重要指标。

据乔治安德斯的调查显示，各大名企在重要职位的招聘上，特别是对那些十万美元年薪工作岗位的招聘，都会有这样一个要求：具备较高水平的批判性思考能力。可以看出批判性思维对一个人来说十分重要。

韩寒为电影《后会无期》的海报写的标语是"听过许多道理，依然过不好这一生"，这一句话充满了韩寒式的哲理，激发了观众强烈的情感共鸣（见图3-6）。在辞职后，经常有人用这句话自我调侃。但往往大多数人都是一笑而过，很少有人去思考：为什么我懂得了这么多道理，却依然过不好这一生呢？

图3-6　电影《后会无期》海报

对这一问题的思考就是在运用批判性思维，是对自我思维进行反思。通过对自我进行评判，了解自身的薄弱点，并判断自身批判性思考能力水平的高低。

但批判性思维是抽象的，无法用具体的事物去衡量，那么如何去判断自己的水平呢？虽然没有具体的衡量指标，但能够根据各水平的不同特征，将批判性思维分为四个层次，以此来判断自身的思维层次。

● 批判性思维的四大层级　判断自己的批判性思维的层级

1. 层级一：具备思维反思意识

思维反思意识就是反思自己的思维方式是否出现疏漏。这种意识并不是生来就有的，而是经过后天培养与训练得到的，甚至有人一生都没有意识到自身思维的缺陷，不具备思维反思的意识，也就不具备批判性思维。

因此判断自身是否具有批判性思维的实质，就是判断自己是否具有思维反思的意识。

例如，"60""70"后生活在计划经济体制内，有编制的工作就相当于"铁饭碗"，有稳定的收入、生活环境与人际关系。与其他的工作相比，有更好的保障。

但如今是市场经济，市场局势在不断地变化，稳定对于变化而言就是退后。但大部分"60""70"后父母仍然认为有编制的工作才是最好的工作，并且希望子女安稳地过完一生。

这样的思维，就是不具备批判性思维的表现，在束缚自己的同时还企图去束缚他人。没有批判性思维往往以自我为中心，认为自己的信念与决定都是正确的，不能准确客观地评判认知。即使自我的认知受到冲击时，也会采取各种方式催眠自己、欺骗自己。

也许有人已经意识到了自己思维的固化，但还是不愿意去改变自己待人处事的习惯，因为这样可以使自己处于思维的"舒适圈"内。因此意识到自己的思维存在误区，还要愿意去改变，才能真正培养出批判性思维。

但随着互联网的发展，人们获得知识的渠道越发多元，可以迅速获得海量的信息。因此在这种环境中成长的"95""00"后，更容易觉醒批判性思维，在网上了解到对同一问题的不同看法，从而反思自己的看法与观点。

例如，"95""00"后对有编制的工作的看法已经发生了改变，有的认为有编制的工作就是"温水煮青蛙"，会丧失拼搏的勇气与学习的动力，不利于个人的长远发展；而有的人则认为，编制内工作有保障，工作比较稳定。他们会根据自身的情况做最合适自己的判断与选择。

意识决定行为，行为影响了结果，没有正确的意识导向，取得的成果也不会好。拥有思维反思意识的人，往往能够做出最适合自己的决定。这样的人往往有以下特征：

会刻意去分析、评价自己的思维；

会不断地研究心智结构，并据此分析自己的心智结构；

在交流中发现具有高水平思考能力的人的优秀品质，并向他们学习。

例如，许多领导者经常会借鉴马云、任正非等人的成功创业经验，并找出他们身上的发光点，积极地向他们学习。

当然处在这一层级中的人，虽然已经有了批判性思维，但仍然会依赖成功的经验，在认知与判断上还存在缺陷。如果领导者想要打造思考型组织，光停留在这一层级上还远远不够，需要继续提升。

2. 层级二：思维起点的提升期

处于第一层级的思维，其思考的起点很低。例如，当企业某一部门的业绩下滑时，领导者会反思是否是自己的管理方式出现了问题。但思维处于第二层级的领导者会思考：如果是我的管理方式出现了问题，我应该采取什么样的补救措施？

批判性思维的一、二层级主要是通过思考的起点进行区分。第一层级思考的起点是问题的来源，第二层级思考的起点是解决问题的办法。从第一层级向第二层级过渡，可以实现思考起点的提升。

处于第二层级的领导者在思维模式与信念方面会经常受到冲击与挑战。每一个人的思维方式与习惯都是在其所处的文化环境、生活环境与学习环境中形成的，带有明确的个人特色与地域、文化特色。但又因为在接受快速发展的信息时受到冲击，逐步地改变自身的思维习惯。

领导者可以根据以下第二层级人群的特征，来判断自己是否已经进入了批判向思维的起点提升期：

时刻注意那些能够在推理过程中发挥作用的要素。例如听见一个观点时，会下意识地对这一观点的目的、理由、存在的问题等方面进行分析；

开始对自我思维的过程进行反思，并逐步认识到其中的价值；

在反思的过程中，还不能熟练而精准地使用批判性思考能力，还需要进行长期的、反复的训练。

处于思维起点提升期的领导者，会在自我思维的反思过程之中，找到清晰的思路，提升自身的逻辑能力，对逻辑性、公正性、精细性、关联性等方面有深刻认识，并会刻意练习以提升自身的思维能力。

3. 层级三：用行动提升思维

领导者应该要明白这样一个道理：知识与道理，如果没有融入思维层面，那就只是看到了道理与知识，而不属于自己。只有深度了解，掌握的知识与道理才属于自己，才能运用到具体的行动之中。

懂得将道理与知识融入自己的行为之中，是处在批判性思维层次的第三层级，相较于第一、第二层级，其思考的起点已经不再局限于问题本身与解决问题的方法，而是通过判断，用具体行动去解决问题。这一层级的重点也转向如何将道理与知识融入自己的管理行为之中。

那么领导者究竟如何做才能将自己的批判性思维能力升至第三层级呢？不断的、反复的练习是最有效也是最根本的方法。"好记性不如烂笔头"，练习与实践可以将知识与道理反复地融入具体的管理行为之中，将其效用发挥出来，成为自己思维的一部分。这一过程就是知识与道理的内化过程。

内化的过程是一个长期坚持的过程，有具体的练习方法，通过以下的练习方法，不断转变、提升自身的思维方式与习惯。

"吾日三省吾身"可以让领导者更为清晰地看出自身思维的变化过程，激励领导者有意识地去改进自身思维模式。例如，每天在睡觉前问自己：

今天，我最棒与最糟糕的思维分别是什么？

今天我思考了哪些问题，都得出结论了吗？

今天我是围绕目标来进行工作的吗？

今天我的工作任务完成了吗？完成的效果如何？

今天我将看过的知识与方法运用到工作之中了吗？

如果可以重新开始，我的行为会和原来的轨迹重合吗？

如果未来我都这样度过会变成什么样子？

通过对自己的反思，寻找到自己的弱势思维，判断自己是否已经将自己收集到的信息与方法融会贯通，从而提升自己转变思维的意识。

通过"省吾身"发现问题，然后各个击破。领导者可以将自己反思后寻找到的问题记录下来，并每天解决一个。领导者可以选择一个较为空闲的时间段，例如中午，然后将问题由简到难逐一排列，从最简单的入手。在解决问题的过程之中，领导者首先需要明确这个问题的要素，并掌握背后的逻辑关系，然后系统地、整体地去思考问题。

这个问题的本质是什么？

我为什么会将其视为一个问题？

领导者用行动提升思考能力，就如同学生的题海战术，用练习加深自身对知识的记忆，下次遇见同类型的问题时，可以快速地做出反应，避免再次掉入思维逻辑的陷阱。

达到第三层级的领导者往往已经可以下意识地对自己与他人的观点进行批判，并且有理有据，正确率较高。

4. 层级四：思维与行动统一

领导者经过不断地训练，效果愈发明显，具有创造性或者是深刻见解的思维已经完全取代固有思维的地位，成为大脑认可的优先使用的思维方式。

在这一阶段，批判性思维甚至已经成为习惯，不再需要刻意进行练习，就能将那些已经融入思维层面的知识与道理通过行动展现出来。此时的领导者已经成为十分理智、通透的人。

稻盛和夫是日本的"四大经营之神"之一，为了突出思维方式的重要性，他列出了这样的方程式：结果=思维方式×热情×能力，其中热情与能力的区间为（0，100），而思维方式的区间却是（-100，

100），其范围包含的数值是热情与能力的总和。

因此，领导者应该重视思维方式的转变，通过培养自己与员工的批判性思维能力，提升思维层级，全方位打造思考型组织。

第四章

全局思考：
不谋全局者，不足谋一域

　　我们看到的森林，有可能只是一片树叶，看到一片树叶就作出判断，可能导致无法挽回的悲剧。传统的思维习惯，从分析事物开始，从中推导出情况，但是事物并非一定如此，即便是看到了事实，也看不到目的、整体、相互关系，不能仅凭看到的一叶就去思考森林。

第一节　什么是全局思考？

 **思考要点<<**

　　"既见树木，又见森林"是对全局思考的一个形象化、整体性的描述与解释。但全局思考具体指的是什么呢？在本节中，我们将从全局思考的具体内涵与模型来具体探讨"什么是全局思考"这一问题。

● **思考小场景**　**看清你的旅行**

　　我每年都有大半时间游走在各个城市，穿插于各个企业授课、辅导，还自我调侃写过一首打油诗：如痴如梦接客中，跋山涉水走营生，少年不羁该何去，此时已为中年更。当时我跟一位企业家同航班从北京飞广州公司，他问了我一个问题触动了我。

问：薛老师，去过这么多城市，最喜欢哪个城市？

答：没有最喜欢的城市，但有最喜欢的感受。

如何理解呢？很多人去旅行，跑到几千公里之外的地方，逛了一些家门口就有的景色，买了一些手机上就能买的产品。正如：身边的诗人不是诗人，演变为：身边的景色不是景色。你去武汉，本地人不去户部巷。你去西安，很多本地人可能一辈子也没去过大雁塔。

我们一提到北京就是天安门，一提到承德就是避暑山庄，一提到深圳就是世界之窗，我们旅行如此，看人如此，看事是否也是如此呢？

正所谓"不识庐山真面目，只缘身在此山中"，许多人在认知事物时，往往都和我一样，无法认识全局，只能认识局部，这是自身的认知局限导致的。

领导者在管理企业时，不能只看见企业或者是问题的局部，而是要把握整体，这就需要领导者能够打破认知局限，对全局做到了然于心。归根到底，就是领导者需要掌握全局思考的方法。那么什么是全局思考呢？

● 要点分析　全局思考的内涵

全局思考是系统性思考的一部分，也继承了系统性思考的关联性、整体性、动态性等特征。从上述场景中，进行全局思考，就是不局限于当前的状态或者环境，而是从整体上把握，从整体的角度去看问题。全局思考的内涵包括以下三个层面：

1. 关注构成因素的关联性

全局思考会将构成问题的各种因素之间的关联性表现出来。例如，问题发生的背景与问题出现的原因之间的因果关系，或者是各因素之间的相互作用等关联性。明确这些因素之间的关联性，会帮助领导者准确定位问题的根源，从而确保解决方案的可行性。

例如，领导者要解决高速的人员流动问题，会先思考构成这一问题的多种因素，然后思考其中的关联性。员工离职的原因一般包括三个方面：薪资待遇与预期差距较大；无法获得成就感，自身价值得不到认可；价值观、理念不同，没有发展前景。

假设领导者在思考这个员工以前的表现与想法，判断他离职的原因，如果属于成就感低这一方面，就要思考出现这种问题的原因：他虽然勤奋刻苦，但做事有些马虎，在写报告时时常因为不严谨而被同事与上级责骂，最终自己失去信心，于是辞职。

这就是构成这一员工离职的各要素之间的因果关系。领导者只有从最根本的"因"出发，才能找到最正确的"果"。当然构成问题的要素之间不仅仅只有因果关系，也可能出现并列关系、相互作用的关系等。

领导者在解决问题时，不能只思考当前的问题，而要去寻找导致当前问题的过去的"因"。否则领导者制定出的解决方案就不能真正解决问题，很容易使问题继续恶化下去。

2. 关注实现整体性价值

实现整体性价值，确保整体的利益最大化，是全局思考最为重要的内涵。全局思考不是要求个人利益服从整体利益，而是在实现个人利益的同时，也实现整体利益的最大化。因此，全局思考的侧重点不是"牺牲"，而是"共赢"。

南京有一家医疗器械公司，刘董事长在2017年将75%的股份分给员工，这一策略使员工不再以"打工仔"的身份进行工作，而是以"合伙人"的身份与公司共进退，2018年实现利润翻三番，2019年利润再翻两番。2020年2月新冠病毒全面爆发，各行各业形势紧迫，而这家公司没有一人离职，并按股权结构层级，级别越高领取的工资比例越少，还出现了员工邮件申请：暂时不领，算公司欠的。这家公司就实现了把领导者与员工放在同一层面上，而不是管理与被管理的对立关系。这让这家医疗器械公司形成了一个利益共同体与命运共同体，得到众多员工的支持与拥护。我们发现这些共患难的场景源于刘董事长最早的"共赢"。很多企业家，只有"共赢"的想法，却止步于"共赢"的行动，因为早期损失的那是真金白银，后期的"赢"还是未知数。

3. 关注内外部因素的动态性

市场在不停变化，领导者只有通过对市场的历史变化、目前的发展趋势以及对未来市场的预测，才能把握市场的走向，并根据其走向不断调整方案与对策。

当一个问题出现时，它在不同的阶段会有不同的表现与变化，呈现出动态性的特征，目前的最优解也可能只是针对现在，如果一直不变，就会为未来埋下隐患。

在泸州老窖开始卖香水、王老吉卖可乐的创新获得较好的社会反响之后，娃哈哈也推出了一款"护眼"饮料。然而，这款饮料早在2010年就已经开始售卖，因为市场的反馈情况不容乐观，昔日的饮料帝国似乎风光不再，开始在走下坡路。

究其原因，是娃哈哈的创始人宗庆后的管理思维跟不上时代的变化，这使他无法准确把握市场的动态性，制定不出符合市场发展规律的决策与计划。娃哈哈在2004年推出的营养快线，在2019年仍然是支撑娃哈哈业绩的顶梁柱，而且营养快线在市场中的优势也在逐渐消失。

如果娃哈哈继续"啃老"，不去学习整体把握市场变化，其实现转型或者是创新的概率就会大大降低，最终会消失在日新月异的变化之中。运用全局思考去看待娃哈哈的困境，可以从营销方式、管理理念、产品开发这三个方面来具体思考。

动态性使市场形成了不确定性与易变性，这对企业来说，既是机遇也是挑战，而全局思考是企业抓住机会的一个有效方法。

● 全局思考模型 设计引擎，预测问题

领导者的全局思考有一条基本定律：组织整体的结构影响员工的行为，如果领导者想让员工的行为达到自己的期望值，最根本的方法就是设计组织的结构。否则，员工就只会短期改变自己的行为，或者被动遵循领导者的要求，这并不会给员工带来长期的影响。

通俗来讲，如果领导者希望员工在行为上表现出团结向上，那么就需要从全局出发，打造一个团结向上的团队、组织。通过团队、组织的正面引导，实现领导者的目的。

这样的全局思考对领导者来说，可能是一件十分纷繁复杂的事情，但在本质上只有两个步骤。其一：对推动组织向上发展的"成长引擎"进行设计并维持行动；其二：根据市场的历史发展、目前势态及时预见企业在发展过程中可能会遇见的问题，并做出防范规避措施，其具体模型见图4-1。

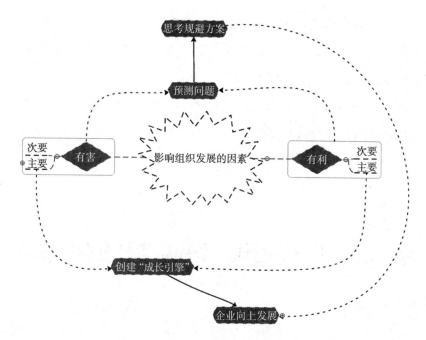

图4-1　全局思考模型

领导者设计组织的"成长引擎"可以推动组织向上发展，使组织在整体上呈现出一种积极向上的精神面貌，并在潜移默化中引导员工，使员工能够以积极向上的心态去工作，继续推动企业发展，形成一个良性循环。

"成长引擎"的设计，需要领导者把握组织的整体，寻找到真正能够诱发组织成长的因素。例如，娃哈哈目前最为重要的"成长引擎"就是更新管理理念，进行创新。

通过对"成长引擎"的设计，领导者把握了影响组织发展的各种因素，领导者可以推断这些因素可能带来的结果，从而及时预测企业在未来可能会出现的问题，并据此思考防范措施。

综上所述，全局思考是解决问题、促进企业发展的方式：思考影响组织发展的各种因素，并在考虑这些因素的关联性与动态性、组织的整体价值的基础上，创建促进组织发展的"成长引擎"，预测组织未来可能会出现的问题，从而规避或者解决问题。

通过本节内容，领导者可以明确"全局思考是什么"这个问题，那么全局思考对企业究竟有何作用呢？

第二节　UVCA时代，全局思考是企业生存的 必备技能

思考要点<<

在UVCA时代，市场在不断发生变化，领导者必须根据市场的变化及时调整企业的方针与计划，才能使企业跟上时代的步伐，不被市场所淘汰。这需要领导者通过全局思考，整体把握市场的变化规律，把握企业管理与发展的节奏、重点。

●解读　什么是UVCA① 时代？

市场在不停地发生变化，也许前一段时间某产品还在热卖，之后很

---

① UVCA是易变性（U）、不确定性（V）、复杂性（C）、模糊性（A）的缩写。

快就被打入"冷宫"。市场不停地变化，领导者的策略也会相应地做出改变，领导者自己可能都无法预测最终的结果。影响市场的因素太多，对于领导者而言，预测市场就是一个复杂的问题。领导者总以为自己已经看透了市场，但在重要节点如同雾里看花，往往看不清晰。因此，这个时代具有易变性、不确定性、复杂性、模糊性的特征。

在UVCA时代里，企业的每一次行动都会随着市场的变化而变化，往往会因为一着不慎，而满盘皆输，这对企业与领导者来说是一个巨大的挑战。领导者应该怎样做，才能有效地预测未来，把握市场的变化，促使企业跟上时代的步伐，立于不败之地呢？

这需要领导者能够进行全局思考，把握企业与市场的整体，促使企业能够长远地运行下去。

● 思考小场景　在 UVCA 时代，领导者应该成为企业的设计者

在一次研讨会上，系统动力学创始人福瑞斯特向研讨会的参与者提问：如果整个企业是一条船，那么领导者在其中扮演着什么样的角色？

有人认为领导者是船长，负责整艘船的运行。

有人说领导者是瞭望员，负责观测企业的方向是否偏离航道，以及航道上是否有障碍物。

还有人认为领导者就是船的主人，利用船的航行来获取利益……

福瑞斯特笑而不语，只是在讨论的最后说：领导者是船的设计师，因为领导者应该全面地把握企业的内部，让内部的各个部分协调运行，而设计师这一角色才是真正了解内部的角色。

联想集团的创始人也表达过类似的观点：领导者治理一家公司就

是一个系统设计，应该要系统思考，即不能片面地强调其中的某一个环节，而忽视其他环节，要从整体上去推进企业前进的节奏。

全局思考就是让领导者懂得驾驭企业这样一个整体，明确构成整体的各要素之间的联系，从而分清轻重缓急，游刃有余地解决企业中出现的问题，成为企业高明的设计师。这样，才能使企业在UVCA时代里跟随市场的变化而及时做出反应。

● 要点分析　全局思考对企业的价值

1. 系统解决问题，确保决策的正确性

假设：你作为某公司产品事业部总经理，决定将你所负责的产品降价10%，这个时候，你就要从全局的角度去思考：这项决定会对企业产生何种影响？会有什么样的后果？

这个决定导致的可能性非常多：该产品的销量可能增加，也可能减少，或者说是没有任何变化；或许你会因为这个决定被同事排挤，被上级批评，甚至还会为此丢了工作；公司可能因此得到发展，也可能因此一蹶不振……这些可能性都是你需要考虑的问题。

只要这样多角度、多方面地从全局去思考，才能发现衡量决策的风险与收益，判断是否执行这一决策。

我的另一本书《创新型组织》提到三类商业问题：简单的商业问题、复杂的商业问题、错综复杂的商业问题。在简单的情景中，事物的内在联系显而易见，领导者可以快速地确定正确的答案；但企业之中往往还存在大量复杂、混乱、无序的情境，每个要素之间的联系不明显，还存在易变、不确定、不可预测等多种复杂性特征。

在这种情况之下，全局思考为领导者提供了一双慧眼，避免做出漏

洞百出的决策，为企业的发展埋下隐患。领导者通过解决复杂、多变的问题，不断地培养自身的全局思考能力，提高自身决策的正确性，促进企业的发展。

2. 提升组织能力，推动企业成长

我曾经十分喜爱阅读能够提升自身思维层次的书籍。有一天，我读到一本有关系统性思考的书籍，里面的莲雾水果商的案例让我很受启发，该案例内容大致如下：

台湾人种植了高品质的莲雾，但只通过摆地摊来售卖，没有形成规模，甚至还被水果商盘削，收益低下。有一位农民认为不仅要保证质量，还得开发水果销路，这样才能扩大收益。

于是，他与当地的便利店合作，跳过了中间商，并提供送货服务。由于服务周到，水果口感好，受到很多客户的追捧。其良好的口碑在客户中打响，其客户越来越多，与之合作的便利店也越来越多，形成了一个螺旋上升的发展状态。这位果农并没有因丰厚的利润而止步于此，在形成口碑之后，也在不断扩大生产规模，提升服务质量，最终成为台湾知名的莲雾大王。

该果农就是从全局出发，通过改变供应形式与营销方式启动了图4-2之中两个相互促进增长的"成长引擎"，从而逐步提升自身的能力，提升业务水平。

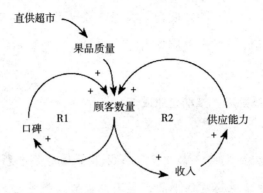

图4-2 莲雾大王的全局思考模型

对于中小企业来说，要想寻求发展，就需要从全局出发，找到企业的"成长引擎"，才能让企业达到螺旋上升的状态，并为这个"引擎"不断加油，例如新技术等，使企业能够不断成长与发展。

3. 激发集体智慧，促进团队思考

如今建立一个团队简单至极，但要创建一个优秀的团队可谓是难于上青天。组织学之父克里斯曾说："即使团队中的每一个成员都有120的智商，但团队整体表现出来的智商却可能只有62！"这一问题让许多领导者与团队的管理者都十分困扰。但是通过全局思考可以有效解决这一问题。

首先，全局思考为团队中的每一个人都提供了一个系统化、结构化的思考方式，可以帮助员工分析、解决工作中出现的问题，促进创新的出现。

其次，全局思考还可以加强团队成员之间的交流与合作，让员工能够真正地分享自己对同一事物的不同理解。

最后，全局思考的结果，还可以将思维过程可视化，让员工更加深入地了解问题，共同思考。

全局思考的这三个功效，可以激发员工思考的热情，促进员工共同学习与思考，从而激发企业的集体智慧，面对即将发生的未来。

4. 加速领导者思考，创建思考性组织

全局思考实际是系统性思考的一部分，而系统性思考具备的改善心智模式的作用，也延续到全局性思考之上。

如果没有全局思考的能力，领导者与员工就无法看清问题的结构，越靠近自己的目标，就越有一种无法实现目标的无力感。通过全局思考，可以帮助企业全体认清自己的能力结构、能力优势与薄弱点，并根据自身的情况进行补救，改善自身的认知情况。并让员工在思考中不断超越自我，为企业的发展提供更强悍的力量。

全局思考可以加速企业内部员工的认知改变，提升员工的思考能力，最终将企业打造成一个思考型组织。既然全局思考如此重要，那么领导者应该如何去进行全局思考呢？

第三节　全局思考的三个层面

思考要点<<

马云通过多角度、深度、广度的思考，全面把握了市场的变化以及阿里巴巴的发展未来，提出了"新零售"的概念，为阿里巴巴找到了一条全新的发展道路。其他领导者也可以通过这三个层面来进行全局思考，从而促进企业的发展。

● 全局思考案例　马云是如何进行全局思考的？

在2016年，纯电商的发展前景依旧十分美好，有不少人前仆后继地进入电商市场。在当时，将实体店转化到线上店铺成为行业的潜规则，认为实体店已经走向了末路。

马云却敢于跳出行业潜规则，将网店回归实体店，创造了"新零售"的理念，从而开创了线上与线下相结合的电商新道路，为纯电商的发展指出了一个新的方向，开辟了"新零售"时代。

马云提出"新零售"之前，从市场的发展历史、市场目前的发展趋势以及未来可能会出现的趋势等角度思考了"新零售"的可行性，并就可行性这一点深度思考：新零售、新能源、新技术等新兴的市场竞争因素，是否能够成为阿里巴巴未来的核心竞争力？

在此基础之上，马云在2018年促成了阿里与新华书店的合作，通过打造"城市书房"，试图将图书零售行业打造成第三服务行业，将单纯的书籍销售，转向为出售服务场景。

马云看见更加广阔的市场未来，突破行业领域的局限，是站在市场发展趋势上，转变传统的思维方式，另辟蹊径，最终达到企业基业长青、实业兴国的目标与责任。

"新零售"让实体经济迎来了另一个春天，在经历新科技、新方法的洗礼后，必将能给整个市场带来全面的改革升级。

马云在提出"新零售"理念之前，就是从不同的角度、深度、广度三个层面来进行全局思考，判断"新零售"理念可行度的高低后，才将"新零售"理念运用到实践之中，并取得了巨大的成果。

其他领导者在进行深度思考时，也可以从角度、深度、广度这三个层面来进行。通过进行这种立体的思考，领导者才能提高对市场预测的准确性，提高决策的正确性，并为员工进行全局思考提供示范，从而打造思考型组织，促进企业的长远发展。

● 要点分析　全局思考的三个层面

广度、深度、角度是实现全局思考的三个层面，而这三个层面又包含了横向的"眼前、起因、动向"以及纵向的"现象、模式、结构"两个维度。

其中，横向维度可以解读为：领导者目前遇见的问题、问题的根源，以及问题将会产生的变化与结果。纵向维度可以解读为：领导者遇见的问题呈现出的表象，相互关联的问题以及构成问题要素之间的关系模式，以及领导者的全局思考结构。领导者只有从这三个层面、两个维度出发，才能进行真正的全局思考。

1. 广度

广度思考就如同大量挖井，虽然每一口井都没有挖深，但都有水涌出。

旺仔牛奶开始卖口红，六神花露水开始卖汽水，就连可口可乐也推出了联名款的T恤，各大企业都纷纷开始跨行卖货，就是为了避免因产品单一，而无法获得最大程度的市场份额，最终被市场淘汰。

跨行业卖货实际上就是在整体把握市场的基础之上进行的广度思考，通过占据更加广泛的市场，来提升企业的竞争力。跨行业卖货就是领导者眼前的问题，起因就是避免被市场淘汰，动向是可以取得阶段性的成功。现象是跨行业卖货取得成功，模式就是跨行业的原因，思考结构呈现发散状的结构。

时代不断地变化，品牌联动似乎已经成为当今企业的发展趋势。领导者要想一条路走到黑是行不通的，在抓住主要市场的同时，还需要逐步融入其他市场，这样企业才能发展得更为长久。这就是"广撒网，多捞鱼"的道理。

2. 深度

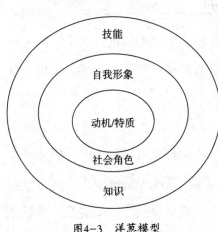

图4-3　洋葱模型

深度思考是观察的必然结果，领导者在观察过程中发现的问题，会引发思考。在思考时，领导者也需要有整体意识，这可以通过洋葱模型来实现（见图4-3）。领导者在借鉴洋葱模型思考问题时，不仅可以进行整体性的分析，还能抓住重点分析问题。

领导者通过对技能与知识的思考，可以找出企业业务方面的短板问题，还可以给员工提出建议，提升企业整体的技能与知识水平，从而充分发挥企业的优势，提高企业的业务水平。

通过自我形象与社会角色的分析，领导者可以明确企业的目标与责任，建立具有个性的企业文化与价值观，为员工的成长提供方向上的引导以及精神动力，同时还能提升企业的发展潜力，促进企业的长远发展。

通过对动机的思考，领导者可以从影响企业发展的众多因素之中，寻找到企业的内驱力，并根据内驱力，制定企业发展的战略方针。

洋葱模型包含的几重层次都可以成为企业问题的根源，并让领导者的思考形成层层递进的结构。领导者通过洋葱模型的分析，可以通过问题的表象，罗列构成这一问题的因素，找出企业问题的根源，并思考出解决方法。

这就是领导者从深度层面来整体掌握企业问题，从而制定出最优的解决方案。

3. 角度

全局思考要求领导者能够从多角度去看待企业中出现的现象与问题，从而得到解决问题的全新角度。

例如，沃尔玛除了会从产品、价格等多个角度来提升销售量外，还会通过商品的摆放位置来提升。沃尔玛通过消费者的购买数据发现：在特定情况下两种看似毫无关系的商品会被同时购买。

效益最好的是啤酒与尿布的组合，年轻的父亲在给孩子买尿布时，会顺便购买啤酒。沃尔玛发现这样的现象后，经常会改变商品的摆放位置来达到提高销售量的目的。这就是"购物车效应"。

在沃尔玛这一案例中，问题是如何提升销量，起因是增加利润，动向是取得较好的效果，现象是通过"购物车效应"提升了啤酒的销量。其他领导者也应该如此，通过不同的角度去思考问题，从而用全新的角度高效地去解决问题。

全局思考中的多角度思考包含了广度思考与深度思考的特征，既有不断深入的递增式结构，也有向外的发散结构。

领导者通过广度、深度、角度这三个方面从整体上思考问题、分析问题，从而得出解决问题的最优方案。在思考问题的同时，也在不断提升自己的全局思考能力，为企业寻找到一条全新的发展道路。

第四节　冰山模型——全局思考的重要方法

任何问题都是多面性的，领导者可以通过全局思考来真正解决这些问题。冰山模型作为一个辅助领导者进行全面思考的工具，可以快速使领导者进入全局思考的状态，找出问题的根源与解决问题的突破点。

● **思考小场景** **为什么走不出离职怪圈？**

某企业的人资总监A总目前陷入了困境，因为从去年开始，企业的人员流动就变得十分频繁，特别是最近几个月。A总为缓解这一问题，尽量为那些要离职的员工调换岗位，但仍然留不住他们。

经分析，A总发现人员流动陷入了这样一个恶性循环：挽留员工失败，员工离职，公司去其他企业"挖人才"，但这些人才的薪资水平比同水平的老员工高，老员工不服气，然后离职，公司继续"挖人"。

A总认为薪资水平是老员工与新员工之间的矛盾，只有解决了这个问题，企业才能走出怪圈。于是A总在面试其他跳槽过来的员工时，按照正常的薪资水平提出条件，但是这些员工认为工资太低，而选择了另外的公司。最终也没有打破这个恶性循环。

为什么会出现这种情况呢？

虽然A总从全局思考，分析出员工离职率高是因为进入了一个恶性循环，但A总只看见了表面原因，没有去了解那些未显示出来的原因，因此，得出的结论也只是表面现象，无法从根本上去解决问题。

任何事情都存在两面，可感知的与不能直接感知的。A总需要了解那些不能直接感知的部分，才能真正解决问题。其他领导者也需要如此，才能解决企业发展过程中遇见的问题。

通过冰山模型，领导者可以看见事情的全貌，了解问题的本质，进行更为深刻的全局思考。

● 要点分析　全局思考的冰山模型

全局思考就是在了解冰山露出水面部分的基础上，还要了解冰山下隐藏的部分，这样才能把握全局，避免撞上冰山。领导者需要了解的冰山模型分为三个部分：事件、模式与结构（见图4-4）。

1. 事件

事件就是指露出水面的冰山部分，是领导者能够感知到的部分。例如，上文离职怪圈中的"薪资水

图4-4　全局思考的冰山模型

平的不对等"就是事件，可以直接从离职员工的想法中感知。那些领导者与员工可以直接感知、参与、推动的问题就是事件，是能够看得见、摸得着的。

A总解决离职怪圈的方法，只停留在事件的表面之上，没有从根本去思考问题、分析问题、解决问题。如果领导者都是如此面对问题，就会与A总一样陷入对表象的关注之中，提出的解决方案也只是敷衍了事的策略，"按下葫芦浮起瓢"就是最终结果，为企业的发展埋下隐患。

2. 模式

模式就是指将互相关联的事件连接起来发现它们之间的相互作用。

我有个朋友是一个资深股民，在收市时，她投资的某只股票上涨了，这就是一个事件。她将这只股票近期的涨跌情况串联起来，并用曲线图绘制形象的涨跌图。她发现该股票还有继续上涨的趋势，在未来一个星期之内会继续缓慢上涨，因此她决定先保留这只股票，等到下一个星期再抛出。

她对股票的思考与分析就是从事件深入到冰层下面的模式部分，在这一个层级上的思考，可以在一定程度上预见问题或者事件的发展趋势。

3. 结构

结构就是指领导者在事件与模式的基础之上，继续向下思考，明确"为什么会预见这种趋势"这一问题，然后找到问题与事件内部的结构。在解释"什么是全局思考"时，领导者了解了组织内部结构可以影响员工的行为，问题的内部结构也会影响员工的行为。

例如，在解决"离职怪圈"这一问题时，领导者可以预见未来的趋势依旧是老员工不断离职。从结构来思考，领导者需要分析这样一个问题：到底是什么因素导致老员工不断离职？

领导者可以从工资待遇、发展空间、管理方式、企业文化、团队氛围等方面来思考。并将这些因素之间的因果关系、相关关系以及相互作用用图例表现出来，从而明确问题的结构，领导者可以从结构找出问题的本质。

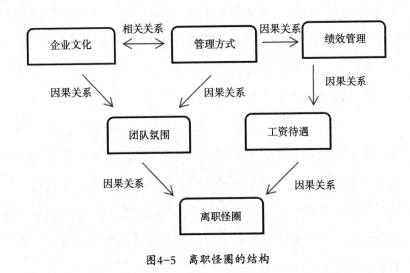

图4-5　离职怪圈的结构

通过图4-5的结构，领导者可以直观地从整体上了解问题，并通过调整结构，从而改变行为。例如在企业文化这一条结构线上，领导者可以通过晨会、团建活动来传递正能量与企业的价值观，提升员工的认可度，打造良好的团队氛围，从而拴住员工的心，打破怪圈。

问题的结构是一个整体，领导者只根据一条结构下去解决问题，往往无法真正解决问题，还需要领导者将各个结构逐一击破，从而以"局部—整体"的方式，在根源上解决问题。

一般而言，冰山模型中的结构往往可以通过图表的形式来直观地展现，这种方式就是图表模式行为。

● 冰山模型的运用　降低产品次品率

冰山模型的运用范围较广，不仅可以帮助领导者解决内部的管理问题，还可以运用到企业的产品生产方面。

具体的运用过程是：罗列需要解决的问题与事件——串联相互关联的问题、事件以及构成要素，预见未来的发展趋势——明确"为何会出现这种趋势"。通过这三个步骤，领导者可以透析问题，增强思考的深度，提高自身的全局思考能力。

杭州某企业产品的次品率在不断上升。该企业的最高管理者将最近一个月的次品率按照时间先后顺序排列出来，发现最近一个月的次品率会有阶段性的下降趋势，但在整体上呈现急剧增加的状态，并且还有继续上涨的趋势。该领导者从全局分析了问题的两大根源，绘制出该问题的结构图，并快速做出决策：

找出次品率阶段性下降的原因：部分员工生产产品的次品率极高，经人事部门讨论，辞退了这部分技术不达标的员工。

找出导致次品率不断上升的原因，即新招的工人培训不到位，技术还不熟练。从这一根源出发，该领导者对全体员工进行技术层面的培训，提升了员工的专业技能，从而减少了次品率。

冰山模型是一个能够帮助领导者进行全局思考、深度思考的工具，领导者可以根据这个模型思考问题，但不能只依赖这个模型，应该先有自己的思考与想法，然后通过模型发现自己思考的薄弱之处。

● **注意事项** 全局思考并不意味着盲目思考可能性

有部分领导者在构建事件与问题的模型时，往往会将关联性不大的因素也考虑进去，在纸上画出的结构图密密麻麻，一眼望去根本就分不清主次，无法找出解决问题的突破点。这种思考方式力求面面俱到，并不是全局思考。

真正的全局思考，有逻辑关系，有主次之分，能够一眼就看到问题的根源所在。面面俱到只是在盲目地思考可能性，是为了思考而思考，不是为了解决问题而思考。这不仅不能帮助领导者解决问题，还会使领导者的思维混乱，不利于其逻辑思维的培养。

在了解全局思考的模型及注意事项之后，领导者可以开始进行全局思考了。通过以下五个步骤，领导者可以快速构建全局思考。

第五节　构建"全局思考"的五个步骤

思考要点＜＜

全局思考可以避免一叶障目与认知局限。领导者通过全局思考，可以汇集集体智慧，使员工获得成就感，从而激发员工的思考积极性，打造思考型组织。本小节将通过五个步骤，让领导者能够快速进入全局思考的状态，实现目标。

● 全局思考案例 明确问题的本质是成功的第一步

1962年，沃尔顿察觉到折价百货商店的巨大商机，不顾总部的反对，将全部财产抵押贷款，创建了第一家折价百货商店——沃尔玛，并因此获得巨大的利润。可以说，沃尔玛就是敢于创新的产物。

随着时代的发展，沃尔玛也没有停止创新的步伐。

1975年，沃尔玛受到韩国工人的启发，创建了"沃尔玛欢呼"，唤起员工的工作热情，实现创收。通过不断的创新，在1988年成为美国第一大的零售商。1991年，沃尔玛出现在墨西哥，这是其进军他国的一个开端。

1996年，沃尔玛通过合资公司进入中国市场，沃尔玛在中国借鉴了家乐福、永辉等零售企业经验的同时，也在不断创新，最终成功地将沃尔玛本土化。

在面对电商的冲击时，沃尔玛又开始进行物流仓储的创新。例如：采用零售链接系统，使供货商可以直接进入沃尔玛的系统，吸引供货商前来合作；创建"无缝点对点"的物流系统，提高商品运输效率等，这一系列的创新是沃尔玛在中国站稳脚跟并分得市场大蛋糕的关键。

纵观沃尔玛的创新之路，其每一步创新都是有迹可循的，并不是在盲目扩张。通过对市场整体的紧密监控与调查，预知未来发展的大致方向，并根据自身的实际情况，明确了需要创新的具体方面，才制定出相关的计划，最终取得了阶段性的成功。这是沃尔玛的"安全脱身"计划，即使创新失败，也可以及时补救。

"不入虎穴，焉得虎子"，这是许多领导者坚信的名言，往往希望通过背水一战赢得胜利，因而不会给自己留下退路。这样的做法是非理性的，根据"二八定律"，80%的领导者会成为20%的胜利者的垫脚石。

领导者应该像沃尔玛的领导者一样进行全局思考，不仅在整体上把握市场的未来变化，还要把握自身的实际情况。通过这样的思考，领导者可以明确企业在未来的短期发展方向与市场趋势，从而提前占领市场，增强自身的竞争力。

● 要点分析　构建全局思考的步骤

全局思考除了像沃尔玛一样有问题、有目的、有想法外，还需要有条理、有结果。据此，领导者才可以得出全局思考的具体步骤。

1. 第一步是明确问题

这里的明确问题，不仅仅是领导者找到需要解决的问题，而是要发现问题在现实与理想之中的差距。然后再将问题进行分类与分级，从而跳出局部，从全局的高度去思考问题。领导者遇见的问题一般可以分为"恢复原状类""防范潜在类""追求理想类"三种。"恢复原状类"的问题就是因无法一次性解决而会复发的问题。领导者要从事实出发分析原因，筛选出问题的主要构成因素，根据细节了解各要素之间的关系，从根源上制定解决方法，防止复发。"防范潜在类"问题的解决关键是注重预防。这类问题需要领导者拟定预防策略，并将其诱因彻底铲除，或者拟定这类问题发生时的应对策略。"追求理想类"问题就是没有明确的理想与目标的问题，这类问题会让领导者无法分析出问题的清晰结构，会误导领导者错误制定解决方案。

将问题分类后，就需要将这三类问题各自分级，领导者可以根据下面的四大象限将问题分级，得到重要问题，并集中精力去解决重要问题

（见图4-6）。

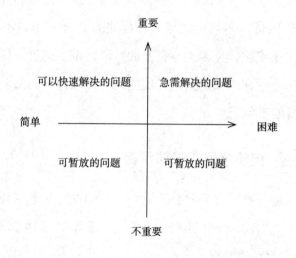

图4-6　问题分级四象限图

不同类型的问题、不同级别的问题，制定的解决方法也各不相同。领导者在对问题分类、分级的过程中，可以从整体上了解问题，进行思考，避免被问题困在局部。

2. 第二步是明确目的

领导者在将问题分类，并将其按照重要程度与难易程度排序之后，要明确最先需要解决的问题，并围绕这一问题的解决方法来思考。

例如，领导者在发现离职怪圈这一事件时，其目的就是为了打破离职怪圈，使企业内部的人员流动趋于稳定，或者是形成一个良性循环。在明确目的时，可以利用逻辑树与奥姆剃刀。利用逻辑树，将构成问题的因素都排列出来，然后用剃刀将多余的因素剔除。这样领导者才能避免思考的盲目性，将焦点始终聚集在问题本身与解决问题的方法之上。

3. 第三步是多角度思考

领导者可以围绕目的展开活动或者研讨会议，将员工聚集在一起，让员工提出自己的想法与建议。

在这个过程之中，领导者的侧重点就是让员工"敢想"，鼓励员工去思考。但值得注意的是，领导者应该延后评论，不要全面否决员工的想法，这样才不会挫伤员工的思考激情。"敢想"如同福尔摩斯搜索犯人的思维，是基于现实的思考分析，而不是天马行空的想象。

在全局思考中，"头脑风暴"方法并不适用，这会增加许多不必要的思考，有时还会使领导者与员工丧失思考的初衷。

4. 第四步是使想法条理化

使想法条理化就是确保想法的逻辑正确、严密。这可以通过Mece法则将想法归类，并提炼出最优的想法。

Mece是"Mutually Exclusive Collectively Exhaustive"的简写，意为"相互独立，完全穷尽"。Mece法则就是在遵循"相互独立，完全穷尽"的基础之上，确定每一个想法不重叠，不被遗漏。

例如，领导者在分析目标用户的特征时，可以根据用户的年龄、性别、职业、特征等提出各种关键词，例如：年轻人、小孩、男人、女人、白领、工人、宅男等。虽然关键词有很多，但大部分都有重叠。

例如，女人与小孩的重叠是小女孩，女人与白领的重叠就是女白领等。但这些关键词并不全面，还遗漏了一部分。例如，那些既不是小女孩，也不是白领女青年的年轻女性就没有被提及。

如果不能准确地描述用户的具体范围，就很难满足客户的需求，从而无法获得利润。此时，就可以利用Mece法则来将用户分层，避免混淆（见表4-1）。

表4-1　Mece法则下的用户分层

层级	划分标准	具体划分
层级一	性别	男人、女人
层级二	年龄	小孩、青年人、中年人、老年人
层级三	学历	小学及以下、初中、高中、大学、硕士研究生、博士、博士后及以上
层级四	收入水平	1000元以下、1000～3000元、3000～5000元、5000～8000元、8000～10000元、10000～15000元……
层级五	职业	蓝领、白领等
……		

通过Mece法则可以将用户细分，使每一个层级都没有重叠之处，避免思维混乱。Mece法则是一项系统性整理信息的工具，不仅可以运用到目标用户的定位上，还可以运用到其他方面。

领导者可以用Mece法则将自己的想法分类或者分层，运用图表的方式，清晰地将自己的想法整体展现出来，以便对每个想法进行深层次的分析，找出可行性最高的想法，成为领导者全局思考的重要成果。

5. 第五步是使思考有结果

有结果包括思考成果与行动结果这两个层面。领导者在开展会议、理清员工的想法之后，还需要进行总结与分析，采纳好的建议与想法，然后结合自己的思考，将全局思考的结果体现在其制定的决策与方案之中。

领导者在制定计划时必须考虑决策与方案的可行性与实操性。这需要领导者不断地收集、研究市场的历史发展信息与竞争对手的信息，将全局思考的成果与市场发展的趋势联系起来，从而制定出最优的计划与整体规划。

领导者为了确保员工能够将计划实施，可以用SMART原则来判断其可行性的高低（见图4-7）。

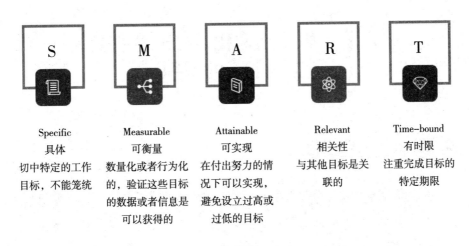

Specific	Measurable	Attainable	Relevant	Time-bound
具体	可衡量	可实现	相关性	有时限
切中特定的工作目标，不能笼统	数量化或者行为化的，验证这些目标的数据或者信息是可以获得的	在付出努力的情况下可以实现，避免设立过高或过低的目标	与其他目标是关联的	注重完成目标的特定期限

图4-7　SMART原则

符合SMART原则的方案就是可行性较高的计划方案，但这并不意味着方案一定会成功，因为计划赶不上变化，这需要领导者在员工执行计划时，及时发现问题，从而调整方案。

"纸上来得终觉浅，绝知此事要躬行"，实践才是检验真理的唯一方法，是实现目标的唯一途径。在实践的过程中，领导者要不断地吸取经验、总结教训，从而完善计划，避免因计划不当而陷入对未来的迷茫之中。

通过以上5个步骤，领导者可以从全局、整体上把握"出现问题—明确问题—解决问题"的过程，并将自己与全体员工的思考结晶融入进去，从而使员工获得成就感，提高其思考的积极性，为企业创新打下基础。

第六节 思考结构化，打造具有全局思考能力的组织

思考要点<<

领导者在进行全局思考时，是以上帝视角进行思考的，思考的内容繁多，思考的结果数量也不少。因此，领导者很容易就会因杂乱无章而无法理清头绪，无法制定出相关的计划与方案。将思考结构化，可以呈现思路，是领导者具有全局思考能力的重要方法。

● **思考小场景** 怎样呈现思考的结果？

某零食研发公司为了实现利润翻倍的目标召开集体会议。在会议上，每一个员工在思考后，将自己的建议与内部成员分享，经过初步筛选后，由部门主管总结，并在大会上分享部门的意见。

产品部讨论的结果是：可以利用即将上线的新产品，增加利润的总和。

销售部主管认为：销售客服可以优化话术，从而更好地与客户交流，提升客户的转化率。

运营部一致认为：可以通过客户宣传，提升口碑形象。例如，可以

开展分享朋友圈集赞赠送新品或者购物优惠券，吸引客户，发展新客户，获得新的利润来源。还可以加强企业与其他零售商的合作，例如加强与生活超市的合作。

后勤部认为：应该减少额外开支，合理配置资源，将资源的价值最大化。

以上建议就是全局思考的结果，但太过杂乱无章，无法让其他员工一眼就能看出其表达的意思。全局思考，往往由于思考的内容繁多，使思考的结果变得杂乱无章，怎样才能清晰地呈现全局思考的结果呢？

思考结构化是最有效的方式。例如，上例就可以概括成两个大的方面，即通过开源与节流两方面达到利润翻倍的目标。其具体的思考结构如图4-8所示。

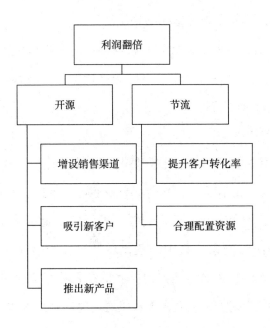

图4-8　实现利润翻倍的结构化思考

不仅是解决利润问题，领导者在解决其他问题时，也可以如此，将所有的想法或思考结构化，使其他员工能够有一个清晰的思路，这样才有利于计划最终的顺利实行。

● 要点分析　全局思考的两种思考结构

在传统的思维模式之下，领导者都是在获得海量调查数据的基础上，思考问题，分析信息，从而制定出解决问题的方案。这种用海量数据制定方案计划的过程，会花费大量的时间与精力，有时甚至会出力不讨好。

针对这种情况，领导者可以根据迈克·费廖洛的"极简思考"，将全局思考结构化、条理化、清晰化，以一个更清晰、更广阔的视角去思考问题、分析问题、解决问题。将思考的想法与观点按照一定的逻辑进行排列、分组，可以实现思维的结构化。

这种结构化的思考过程会将问题与事件的全貌展现出来，能够使领导者更快发现问题、解决问题、打破僵化状态的突破点。以下是思考结构化的两种基础结构。

1. 层型结构

层型结构包括核心建议、形势变化与背景介绍三个部分。

核心建议是企业在面对问题时，领导者与员工提出的重要想法。

市场形势在不断变化，这需要领导者与员工能够及时地做出回应，制定相应的方法与决策。其中的变化可能是一个事件在各时间段的变化，也可能是新的信息，或者是这两者的结合体。变化带来的影响也具备正面与负面两个层级，正面代表着机遇，负面则是挑战。

背景介绍就是为形势变化的理解提供必要背景信息。例如，市场的历史发展状态，目前的发展趋势，以及未来可能会呈现的发展状态等信息。在背景介绍时，需要确保信息的来源可靠，没有争议性的问题。

通过层型结构，以背景为开端，让企业内部的每一个员工都能对事件与问题有一个整体上的了解，并通过对形式变化的理解程度来提出相应的建议，为领导者的决策提供更多的可能性，提升决策的正确率。

2. 列形结构

列形结构主要包括核心建议与若干支撑信息。核心建议在层型结构已经解释过，就不再赘述。而若干支撑信息与层型结构中的背景有所相似，但支撑信息的范围更为准确，信息更为具体精细（见图4-9）。

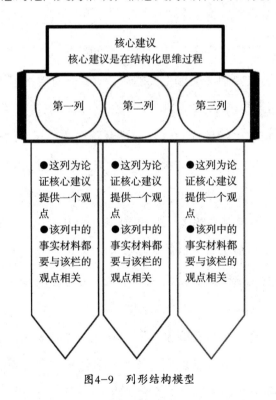

图4-9　列形结构模型

不同职能的员工需要的思考结构框架不同，这需要领导者与员工的各种想法进行充分沟通，让大家能站在全局的角度对问题有更全面的思考，这是将思考结构化最大的难点。领导者与员工可以通过以下方法来顺利解决这一难点。

●要点分析　**将思考结构化的方法**

1. 用叙述故事的思维构造结构

故事可以将人物、事件、结果都放置在一个整体之中，通过将故事描述得更完整比各个部分简单的叠加更加完善。因为在叙述故事时，一般是按照时间顺序、地点变化等逻辑来进行，有一个十分清晰而逻辑严密的结构。

通过叙述故事的思维来打造全局思考的结构，用细节去构建要表达的次要想法，用次要想法支撑主要想法，让每一个想法都有支撑信息，从而让主要想法更加令人信服。

层型结构的叙述就是从背景到形势最后到核心建议的过程，是一个自下而上的总结过程；列形结构则相反，核心建议会先显示出来，然后再附上支撑信息，是一个自上而下的发散式过程。这两种形式，都能够让其他员工不需要自己去解读，就能够明白其中的内容。

如果领导者与员工有绝妙的想法，却不能清晰地向其他员工传递，那么这种想法就无法落到实处，毫无用处，需要让其他员工进行再次解读的叙述是不成功的。

"一千个人有一千个哈姆雷特"，其他员工在解读的过程中可能也会产生自我的认识，从而偏离原有叙述所表达的意思，甚至还会有员工产生误解，不利于领导者最终决策的制定。

2. 有效沟通，清除误解

沟通可以促进领导者与员工、员工与员工之间的思想交流，从而达到互相理解、交换、接纳对方的建议与想法的目的。这样可以保证企业内部上下达成一致，避免出现目标上的分歧，从而更好地进行协作，将计划的正面效果发挥到最大程度。

3. 简洁有力地呈现全局思考的结果

全局思考作为一种结构化思考，其特点就是逻辑严谨、结构清晰。而这一特点往往与简洁有力连接在一起。通过层行结构框架与列形结构框架能够有效地达到简洁有力的效果。

除此之外，还可以通过关键词或者强调词语来构建简洁有力的表达。例如，在叙述时，可以采用"首先我要讲的是……其次是……最后可以得到……"等语句。

通过结构化的思考，可以将全局思考的成果清晰明确地表现出来，有利于员工更好地执行思考后制定的计划，避免因误解而产生行动上的偏差，造成全局思考的结果无法真正去解决问题。这样结构化的呈现方式，更能够让员工发现其中的问题，并促进员工进行思考，提升组织内部的全局思考能力。

全局思考是一种广度的思考，其思考的角度大多为上帝视角，因此能够预测问题，并制定出相应的解决方案。但有时可能会出现思考浮于表面的情况，这就需要领导者进行深度思考，来弥补全局思考的不足之处。

第五章

深度思考：
运用理性和逻辑能力，
做出正确周全的判断和决定

　　过量信息令人头脑麻木迟钝，当我们试图根据收集到的信息取得成果时，却苦于信息量过大，无从下手，因而导致产生疲劳，进而对重要的事情也变得麻木不仁了。信息战日趋激烈的今天，要事事处处拷问自己是否迷失了自我，是否能够深度思考，具备甄别的能力，那就需要"深度思考法"。

第一节　什么是深度思考？

思考要点 <<

　　深度思考就是通过思考，不断地接近问题的本质。但许多人对深度思考的认知存在误区。如果领导者也用错误的认知去进行深度思考，就会导致思考偏离轨道，从而不能深层次地理解问题、分析问题、解决问题，不利于组织的发展。

● **思考小场景**　**你的思考只浮在表面吗？**

　　麻省理工学院开设了一门"创新管理"课，在课堂上，老师先向学生提出这样的问题："在5年之后，下面两家公司谁会获得更多的市场份额？"

　　甲乙两家公司是实力相当的探测仪公司，他们互为竞争对手。甲公司产品的包装精致、外形设计感强；乙公司的产品外观简单，甚至可以说是粗糙，连内部的构造都能看得一清二楚。但两家公司的产品价格与性能效果几乎相同。

在提出问题之后，学生进行讨论，大部分学生都认为甲公司的产品设计独特，更能吸引消费者，答案是甲公司。但老师却说答案是乙公司。

乙公司的产品虽然能够看见内部结构，但这有利于消费者根据自己的需求进行加工。乙公司还可以在为消费者加工的过程之中，学习消费者改装的经验，改良产品，推出新产品，提升消费者的使用体验。这可以让乙公司的评价很高，市场份额也随之增大。

而甲公司只在设计产品外观上花费时间，忽视了产品的性能、使用体验等本质问题，这让甲公司的市场份额一直无法提升。

观看这个案例的领导者，大部分可能都会认为答案是甲公司。这与那些学生一样，没有从问题的本质出发，没有考虑到消费者对探测仪这种类型产品的消费需求点集中在功能效果，而不是外表。真实被表象迷惑，才选择了错误的答案。

领导者做出的每一个决策都应该从问题的本质出发，不要浮于表面，或者被表象迷惑。只有经过不断深入的思考，才能做出最正确的判断，这就需要领导者进行深度思考。

深度思考就是通过思考，不断接近问题的本质。但有一部分领导者对深度思考存在误解，不能很好地运用深度思考能力去解决管理中出现的问题。

●认知误区 深度思考的四种误解

1. 头脑聪明的人就是深度思考者

在社会上普遍存在这样一个片面的观点：名牌大学能够得高分的毕业生，不管在哪里都是聪明的人。许多人将高分与头脑聪明画上等号，甚至还有领导者会不断地报班学习，来提高自己的"分数"。

正是这样普遍性错误的观点，让一大部分人都不断地追求"高分"。但要想得到"高分"，就必须通过不断地学习，将大量的知识传送到脑海之中。一旦在中途进行深度思考，就会降低知识输送的效率。因此，有许多人都认为自己琢磨判断，还不如直接将知识背下来，通过记忆知识数量的增多，获得自我满足，从而忽视了深度思考。

当然这并不是否定那些取得高分的人，也不是阻止领导者去学习。而是提醒领导者需要将注意力集中在培养自己深度思考的能力之上，不要只放在获得高分之上。

一个人会深度思考是头脑聪明的表现，也是一个人最强的实力。头脑聪明的人不一定是深度思考者，但深度思考者一定是头脑聪明的人。

2. 用行动的"勤"补思考的"拙"

在社会中有一部分领导者强调实干，要求员工要脚踏实地、要听话。因此许多员工在大部分时间里就是埋头苦干，任务分派下来之后就去做，但很少思考为什么要这样做。

这就像寻找恋爱对象一样，找到一个目标后，也不考虑清楚合不合适，就去盲目地追求。就算成功，也不能长久；就算失败还可以用"自己的努力还不够……"等借口来安慰自己。

勤奋是领导者成功的关键因素，但不是唯一的因素。深度思考才是决定是否会取得成功的关键，用执行战术的"勤"并不能补思考战略的"拙"。

雷军曾向晨兴资本的刘芹请教投资的问题。刘芹说："我相信天道一定能够酬勤，如果你足够勤奋，就一定能够做一个成功的投资者！"但雷军却反驳了他的观点，认为天道不一定酬勤，勤奋是一个因素，深度思考又是一个因素，但关系并不是互补。

3. 反应快速就是深度思考的结果

某企业在开会时，领导者率先说明：针对本次策划的方案，大家来谈谈自己的想法与建议吧！员工小李立马提出了自己的想法："本次活动的计划是……我是这样想的……"员工小张在小李提出自己的看法后，随后也提出了自己的建议与想法。而小周一直在思考之中保持沉默。小周不发言，让其他的员工都感到焦灼。

因为大家的时间都是宝贵的，而小周不发言会浪费大家的时间。对于创意型人才来说，灵感胜过一切，他们认为小周在拖后腿，是整个团队中工作效率最低的人，会给其他员工带来负面影响。

在这个场景之中，大部分领导者都会认为小李是深度思考者，因为他能做到即问即答，能够针对问题做出快速的反应。在"速度至上"的企业氛围之中，小李会被认为是聪明的人。

但是无论问题回答得多快，答案并不一定正确。小李只是反应迅速，而是否进行了深度思考无法确定。面对提问迅速回答，只能算作是下意识的反应，而不是深度思考的结果。

4. 认真思考、花时间思考就是深度思考

每个人每天都会思考，例如，网络上流传的日常"三问"："早上吃什么？中午吃什么？晚上吃什么？"这样的思考还停留在思想浅层

次，并不是深度思考。有人会继续思考"只吃西红柿炒鸡蛋营养跟得上吗？怎样的荤素搭配才会更好？"等。

这样的思考虽然花费了时间，但并不是深度思考，只能算是下意识进入思考的自我对话之中，虽然抓住了"吃什么"这一本质问题，但过程没有逻辑性可言，最终也没有得出结论。

真正的深度思考应该是能够抓住问题的本质，并通过思考得出对行动具有指导性、可行性、建设性的结论。

● 深度思考模型　通过"试错"接近问题的本质

在摒除了对深度思考的错误认知之后，可以让领导者更加了解"深度思考到底是什么"这一问题。深度思考的重点在于"深度"一词上，而不是脑海中浮现的"话语"。这是深度思考与思考的本质区别所在。

深度思考就是指当眼前出现一个未知的事物时，在头脑中反复地思考："这是什么？"然后形成一个全新的概念。

假设，你发现了一种未知的植物时，首先就会讲这种植物与自己以前的认知匹配，思考这种植物是灌木还是阔叶木，抑或是草本植物。这就是思考的过程。

深度思考就是当你发现这种植物与自己的认知不符时，就会尝试从各个角度去观察，闻一闻味道、仔细观察其特征等。通过"试错"的过程来明确"这究竟是什么"，最终形成一个全新的概念，其模型如图5-1所示：

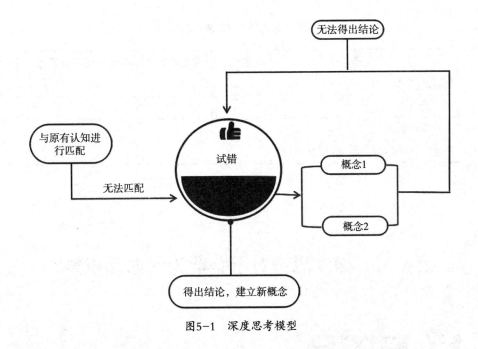

图5-1　深度思考模型

除了发现未知之外，通过这一模型发现已知事物的另一面也是深度思考。

综上所述，深度思考就是在不省略过程的前提下进行思考，通过不断试错，逐渐逼近问题的本质，产生新认知并推导出正确答案。

通过深度思考，领导者可以在试错的过程中，转变自己的认知，强化自己的思考能力，培养出能够静心思考问题的素质，从而更好地领导员工共同建设思考型组织。

● 互动练习　企业为什么要出具税审报告？

在思考这个问题时，需要去提出自己的观点，然后可以参考他人的观点，先在自己的认知中进行"试错"，并逐渐得出答案（见表5-1）。

表5-1　自己和他人想法

观点	你的想法	管理者想法	同事想法	老板想法
税审的意义				
税审的好处				
转嫁税收的风险				
企业在什么情况下不可以做税审？				

第二节　深度思考对于企业为何如此重要？

 **思考要点**<<

深度思考是领导者必须具备的能力，能够让领导者避免走向过度思考的死胡同；提高领导者寻找问题本质的能力，以便更好地解决问题；帮助领导者打破思维定势，实现创新。领导者是企业的"大脑"，只有大脑先学会深度思考，才能统领全局，使企业避免因无思考而带来的毁灭。

● **思考小场景** 只做不想是隐患

某公司策划部新招进两个女生，一位乖巧听话，另一位则是耿直有想法。在三个月实习期之后，公司辞退了前者。

据公司的人事部门解释：那位被辞退的女生虽然听话，别人交付给她的任务，她都说"好"，可谓是"来者不拒"。虽然这位女生"听话"，但在效果上却大打折扣，要么就是不能在规定的时间完成任务，要么就是完成的质量低下。

有一次，在下班之前领导收到紧急通知，需要提交一幅宣传海报。于是问她是否愿意加班，她爽快地答应了。但交稿的海报上竟然有错别字。在修改的时候，花费了大量时间，耽误了宣传，降低了客户对公司的信任。

而另一位女生虽然不愿意加班，为了自己的想法甚至会与领导争论，但她的任务完成效率高，且质量好。时不时还会在争吵之中为领导提供一些富有实践意义的想法，就连一些难缠的客户都对她大加赞赏。

这两位女生的区别就在于是否进行了深度思考。深度思考的领导者与员工都会将重点放在工作完成的质量与效率之上，并不断思考可以提高效率的方法，而不是积极钻研讨好上级的办法。工作的目的是让领导开心，而不是为了完成交付的任务，如果被这样的想法支配，企业就会风气不正，甚至还会为企业酿下大祸。

企业需要的不是表面顺从的员工，而是能为企业带来新鲜血液的员工。正所谓"问渠那得清如许，为有源头活水来"，深度思考是一个企业活力的源泉。一旦领导者与企业的员工不愿意深度思考，或者丧失了深度思考的能力，就会变成一潭死水。

● 重点分析 深度思考的重要性

深度思考决定着企业发展之路是否能够长久。20世纪80年代开始，世界经济快速发展，产生了巨大的变革，并诞生了新经济，在这种背景之下，深度思考尤其重要。

1. 不深度思考，会摧毁企业的未来

在《黑天鹅》中有这样一个故事：一只火鸡被主人百般呵护地喂养了一年多，生活得非常幸福。直到感恩节前一天，火鸡以为自己也能像往常一样，获得美味的食物，没想到却等来了死亡。

这样的"火鸡"在股市中也存在，许多股民盲目跟风，成为他人喂养的火鸡。他们禁不住诱惑，甚至还有人将毕生积蓄投入股市，结果却被深套其中，惨败而归。

领导者是企业的"大脑"，如果"大脑"坏了，四肢自然不能进行有序的动作。如果领导者不深度思考，有很大可能会变成"火鸡"。并且会将其自身的安逸因子在企业内部传播，让员工感受到安逸的快乐，最后同化整个企业，将整个企业变成一个无法思考的"火鸡养殖场"，只等待其他企业来"宰杀"。

曾为美国高级智囊的布热津斯基认为：全球化会将财富集中在全球20%的手中，让80%的人"边缘化"。为了缓解贫富差距带来的矛盾，唯一的办法就是给那80%的人塞上"奶嘴"，让他们沉浸在为他们量身打造的娱乐信息之中，不断地摧毁他们的深度思考能力。

如果领导者不带领员工去深度思考，就会被市场划分到那80%之中，在不知不觉中逐步丧失市场份额，等到反应过来时，企业已经陷入危机，为时已晚。

2. 使企业避免陷入过度思维的死胡同

在任何场合，想法总比实际行动多，这就是发散性思维。在大多数情况下，发散性思维可以帮助领导者打开事业，想到新的创意点，激发

创造力。心理学家指出，发散性思维是创造性思维的重要组成部分。

但曾有一个人这样表述：我很喜欢思考问题，但很难停下思考，即便是在吃饭时大脑仍在高速运转，每时每刻都在进行无目的地思考。这就是过度的发散性思考，会使一个人的思考状态混乱，没有主线，使思考失去了价值。

发散性思考是由一种想法向外辐射为多个想法，没有主线；而深度思考，是从一个想法上深度挖掘，呈现为直线思考，具有明确的主线。深度思考可以让领导者在发散性思考时就一条线进行深度思考，发现行不通再换另一条线。这就是深度思考中的"试错"环节，在一定程度上避免领导者过度的发散性思考，从而避免被过度思考逼入死胡同。

3. 通过现象看见问题的本质，解决企业问题

亚马逊雨林里有一只蝴蝶轻轻扇动翅膀，就有可能让美国得克萨斯州在两周之后发生龙卷风，这就是"蝴蝶效应"。说明蝴蝶与龙卷风这两个看似毫无关系的事物之间存在着某种联系。深度思考，就可以发现蝴蝶效应。

美国的通用汽车公司曾处理过这样一个事件：有一位客户每周都会驾驶该公司生产的汽车——庞蒂亚克去购买冰淇淋。但是每当购买草莓口味的冰淇淋时，庞蒂亚克就不能正常启动，而购买其他口味的冰淇淋时并不会出现这种情况。于是客户写了一份投诉信。

公司派遣了一位经验丰富的工程师前往解决这一问题。在经过反复的实验之后，工程师发现草莓味的冰淇淋摆放在冰淇淋店的最外端，客户购买花费的时间最短，车的引擎散热还未完成，所以不能顺利启动。正是因为深度思考，使工程师发现了冰淇淋的摆放位置与汽车启动之间的关联，从而顺利解决客户的投诉问题。

深度思考并不是单纯的直线型思维，在大多数情况下都是立体呈现出来的。例如蝴蝶效应就是对关联性的思考。通过立体的深度思考，可以准确发现问题的本质，这是领导者处理企业管理问题的重要方法（见图5-2）。

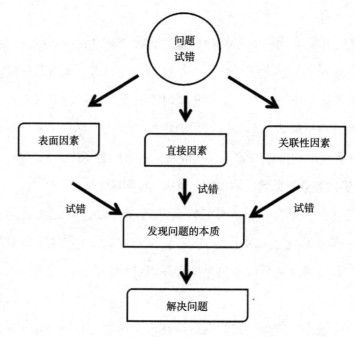

图5-2　深度思考的立体呈现模型

4. 打破思维定式，促进企业改革创新

新华书店虽然网点密集、覆盖面积广，占据了图书发行行业的主导地位，但其发展理念与发达国家相比，还比较陈旧落后，缺乏市场化、产业化的战略思维；其次其产权不明确，企业本身的话语权不够。

为了适应当今的经济市场，新华书店的总负责人根据实际情况，深度思考了自身的优势、劣势、机遇与威胁（SWOT），设计了"集约化到市场化"改革的路径。在改制方面，采用母子体系与二级法人的制度：

即将原先的省店变为母公司作为控股公司，将市县店改为子公司，并一步一步实现股份上市的改革目标（见图5-3）。

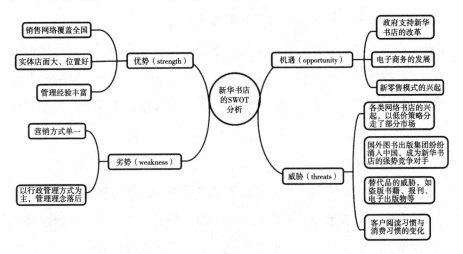

图5-3　新华书店的SWOT分析

通过深度思考，新华书店开始逐步打破其陈旧的经营管理理念，已经实现了线上与线下相结合，成功升级部分门店，并在2018年，与阿里签订合作协议，整合全国12000家实体门店，建立了新华书店网上商城。

除此之外，新华书店还根据客户多元化的需求与消费方式，创建了"悦读生活"的理念，打造城市书房，将单纯的售书场所打造成一个集休闲娱乐、文化等内容为一体的服务场所，从而将场景服务打造成主体业务，提高企业收益，促进长远发展。

新华书店的改革就是企业的领导者通过深度思考，打破认知局限，拒绝照本宣科的案例。在改革的过程中，新华书店不断地利用SWOT法分析自身的具体情况，围绕改革这一目的，在响应中央号召的前提下，设计出符合市场规律的应对方法。

领导者也可以借鉴新华书店改革的经验，通过SWOT法不断地思考自身的情况，然后设计符合自己企业发展的计划。在深度思考时，领导者会逐步明白自己设计计划的目的，然后根据这个目的不断展开思维，深挖问题的根源，直至制定出最优计划。在此之后领导者还会根据市场环境、政策等因素，不断改进计划。在这一过程中，领导者会逐步明确客户的需求点，设计出有效的方法，打破照本宣科的局限。

马云通过对电商深刻的思考，成就了阿里；兰州空间物理所对离子发动机的深度思考与研究，使世界上最先进的离子发动机成功问世；周鸿祎对流量的深度思考使奇虎发生了翻天覆地的变化。领导者进行有效的深度思考，可以为企业的发展谋出一条新的道路，避免企业走向毁灭。企业领导还需要发挥自身的表率作用，使员工积极进行深度思考，从而打造一个思考型组织。

第三节　深度思考的四个维度

思考程度的深浅决定着是否能够打破思维定势。领导者要想加强自身与员工思考的深度，需要明确阻碍深度思考的因素，才能规避这些障碍，并从思维的不同维度去进行深度思考，以解决问题。

● 思考小场景　思考程度的深浅决定着行动效果

有两家书店甲与乙，为了应对电商平台带来的冲击与挑战，开始向互联网转型，但效果各异。

书店甲只在资源配置上进行了改革，将书店内部的一些资源分配给互联网，与电商进行合作，在网上建立卖书平台，但效果并不理想。电商可以直接从书籍供应商处拿货，但该书店的网上平台还需要从书店内部拿货，书籍产品经过了二次转移，价格较贵，无法与电商竞争。

书店乙在资源分配、盈利模式等方面均进行了改革。首先书店乙与供应商直接合作，供应商直接将书籍提供给网上书店，不需要进行二次转移。其盈利模式转变为线上与线下相结合，线上主要是提供卖书服务，线下主要提供环境服务：即通过向消费者提供安静舒适的阅读环境收取服务费。其改革获得了巨大的成功。

甲乙两家书店的老板都进行了深度思考，为什么效果却完全不同呢？

根本原因就在于书店乙的老板比书店甲的老板思考的程度更深，书店甲还未完全打破原有的思维模式，只做了部分改革，没有从整体上去把握问题。思考程度的深浅决定着领导者是否能够成功打破思维定势。

● 深度思考分析　阻碍深度思考的因素

领导者要想成功打破思维定势，进行深层次的思考，就需要先了解阻碍深度思考的因素有哪些，才能逐一击破。以下就是阻碍领导者深度思考的六大因素。

1. 因果倒置

忽视本质，只看表象，将表象作为解决问题的原因。例如，领导者发现"某产品销量不好"，就想出"一定要快点将这些产品卖掉"的促销方案，却没有深入思考产品滞销背后的深层原因，如产品设计、市场环境变化等因素。这就是因果倒置，无法真正解决问题。

2. 满足于表面化解决问题

领导者在遇见问题时，可能只会根据原先的解决方法去制定计划。例如，"某产品销量不好，一定要快点将这些产品卖掉"，可以用打折促销的方式来解决。这种看似可以解决问题的方法，实质上是没有抓住"为什么产品销量不好"这一本质问题。

3. 依赖框架

领导者在遇见问题时，可能会发现一个可以快速进行信息整理的框架，并一直沿用下去。例如，前文中提到的SWOT分析法，虽然可以适用于大部分问题，但不能所有问题都适用这一个框架，领导者应该有自己的思考。

4. 拘泥于初步假设

领导者在面对问题时，会进行思考，自行假设，并不断试错。但有时，在试错的过程之中，会一直拘泥于自己的初步假设之中，无法跳出这个角度去看问题。

5. 忘记思考的目的

领导者在收集解决问题的信息时，陷入对信息分析的狂热之中，而忘记了收集信息的目的。例如在会议上，领导者为重点阐述某一观点而长篇大论，导致偏离会议的主题。

6. 全盘接受员工的建议

例如，领导者在接收到员工的建议时，会觉得某一员工的建议值得采纳，在了解了另一名员工的想法后，也觉得可以接纳。这样就是全盘接受他人的观点，没有自己的深度思考。

●重点分析　深度思考的四个维度

领导者要剔除阻碍深度思考的思维因素，可以从以下四个思考维度来思考，以提升自己的思考深度。

1. 多维度思考

正所谓"千人千面"，每一个人都会有不同的面，每一件事物也是如此。例如，月亮在天文学上就是围绕地球运行的天然卫星；而在文学方面，月亮往往与乡愁挂钩，是一种意象。在不同的学科中，月亮有着不同的定义。

领导者在进行深度思考时，就是将同一问题的不同层面发掘出来，用不同的视角去观察这一问题，从而获得不同的解决思路，将这些思路进行整合改进，就是解决问题的关键。

在知乎上，多维度思考可谓是常态，往往会有许多人针对同一问题，以不同的角度去解答。例如，在一个关于"如何学习"的话题下，有人从学习方法的角度回答，有人从学习动力的角度分析，还有人从学习思维的角度来解决这个问题。通过这些层面，可以了解到学习的多个层面、多种解决方法。

领导者也可以在这种开放式平台的话题下留言，再看看其他人的回答，并做一个对比，以判断自己思考维度方面的缺陷，并有针对性地进行培养。在不断的视角转换中去观察自己目前正在处理的问题。

可以说多维度的思考是深度思考最重要的一环，这可以帮助领导者从整体上去了解问题、把握问题，从而明确解决问题的方向。

2. 具体化思考

具体化思考指的是将某一个想法具体化。例如，为这个想法增添案例或者细节，使想法具备可行性。

例如，领导者在动员大会上发表讲话前，就需要先在脑海中勾勒出自己演讲的大致结构与内容，然后准备演讲稿，在写出内容与结构之后，发现观点太过薄弱，还需要用案例来增加说服力。领导者通过再次检查，发现演讲稿表述得太过片面，还需要从其他层面去谈论某一个问题，然后再加上自己的多角度思考。这样，一篇完整的、逻辑性强且具有说服力的演讲稿就完工了。

写作或者是绘图，是领导者进行具体化思考的重要方法。领导者可以在具体化的过程之中，发现自己思想上的不足之处，从而慢慢提升自己的思考深度。

3. 思考前因

道家认为"天道好轮回"，佛家相信"因果循环"，任何事情都有其发生的原因，哪怕这件事情微不足道。

领导者在面临问题时，应该去思考为什么会出现这个问题，因为这个原因往往就是解决问题的突破点。例如，某团队出现业绩下滑的问题，可能就是因为员工的负能量影响到了整个团队。领导者就应该围绕消除员工的负能量去制定计划，而不是围绕提升业绩的方法来制定计划。

思考前因实际上就是注重细节，发掘细节背后隐藏的关键，而只有明确了关键所在，才能让自己的思想更具逻辑。思考问题出现的原因后，还需要思考后果。

4. 思考后果

社会中任何事情都不可能是孤立存在的。如同多米诺骨牌一样，一个问题的产生会对其他的事情产生影响。领导者需要做的就是在思考问题前因，找到解决问题的突破点之后，思考自己制定的解决方案可能会出现的结果，思考出现不好的结果后，应该怎么处理。

例如，有人在减肥时，遇见美食却忍不住想吃。在这种时刻就需要思考虽然吃了美食会带来心灵上片刻的欢愉，但会导致近段时间内的减肥效果降低。而且"有一就有二"，这很可能就是减肥失败的开端。而失败之后，又会后悔。通过这样的后果联想，就可以及时遏制住蠢蠢欲动的心，将减肥贯彻到底。

这一步骤就是领导者通过思考自己的决策与计划可能会造成的影响，来调整或者改变决策计划方案。

深度思考不仅是一种能力，更是一种习惯。领导者只有经常进行深度思考，将其变成自己的思维习惯，才能在最大程度上提升自己的思考能力，从而为员工做出表率，并有能力帮助员工进行深度思考，最终实现打造思考型组织的目标。

第四节 四大步骤让你成为一个
深度思考的领导者

 **思考要点<<**

　　深度思考就是逼近问题的本质，寻找构成问题的要素，以及解决这一问题的突破点。可以将问题的要素罗列出来，形成具有逻辑性的模型。问题产生的根本原因就是解决问题的关键。领导者可以通过建立模型、寻找突破点、制定对策、执行对策来深度思考、解决问题，从而成为一个深度思考的领导者。

● 深度思考案例

　　前几年美国某公司研发的Roomba扫地机器人引发的购买热潮，与该企业领导的深度思考密不可分。当时市场上的产品都是围绕超强吸力、提升手感等消费需求来设计产品的。

　　而该企业的领导者并没有盲目跟风，而是通过不断地审视企业的目标与全面市场调查，了解到消费者真正的心声——不用自己亲自动手扫地。该领导者在深度思考时，分析企业的愿景，并将企业自身愿望与消费者心声重合，找到最具有价值的需求点。

如果依旧按照市场上默认的客户需求去设计产品，Roomba扫地机器人很可能就只是普通的吸尘器，在市场竞争中没有突出竞争优势，最终会被市场的新一代产品取代（见图5-4）。

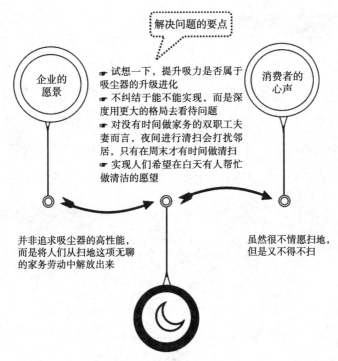

图5-4 深度思考设计Roomba扫地机器人的过程

该企业的领导者通过深度思考，找到了消费者最本质的需求，将困难的事情变得简单，从根本上解决问题。如果其他领导者也可以如该领导者一样，深度思考消费者新的消费需求，就可以做到深入简单的事，简化困难的事，最终为企业的发展找到新的创意点，并激发员工的创造力。

那么领导者究竟如何才能做到深度思考呢？尽管深度思考不是绝对的、可数值化的，没有思考的方法论支撑，但领导者可以根据以下方法，将复杂的问题逻辑化、简单化，不断地培养自身的深度思考能力，成为一个深度思考的领导者。

● 要点分析 **深度思考的四个步骤**

在本章的第一节介绍了深度思考的通用模型，领导者可以通过不断的"试错"发现问题的本质。而问题的本质包含构成这一问题的众多因素与形成问题的原因、解决问题的突破点。深度思考的研究者平井孝志用"系统动力法"，将构成问题的要素概括为"模型"，将形成问题的原因，与解决问题的突破点概括为"动力机制"（见图5-5）。

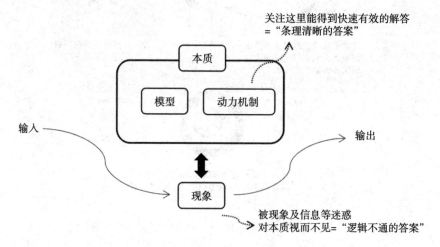

图5-5 利用"系统动力法"进行深度思考的模型

根据这两个概念，领导者可以通过以下四个步骤进行深度思考，不断地培养自身的深度思考能力。

步骤一：建立模型

"模型"就是领导者将构成问题的要素通过具有逻辑性的模型呈现出来，包括这些要素之间的关系，领导者在发现某一问题时，可以将构成这一问题的要素及其相互关系用模型列举出来。

具有逻辑性的模型构建有5个要素，即输入源、输出点、竞争关系、合作关系与影响者。例如，某航空公司在解决"让顾客享受更舒适的航程"这一问题时，该公司的领导者在进行深度思考时，先构建了这样一个逻辑性的模型，如图5-6：

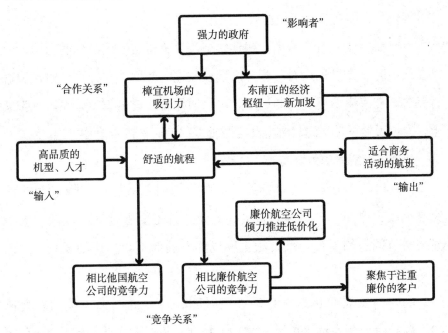

图5-6　某航空公司打造的舒适航程构成要素模型

根据上述示例，领导者可以明确：输入源就是解决这一问题所需要的资源，比如时间、金钱、技能、人才等；输出点就是产生的结果，比如工作报告、具体方案等；竞争关系就是标明竞争对手；合作关系就是明确可以请求帮助的合作对象；影响者是只对模型整体产生重大影响的要素，比如最高决策者、制度等。

领导者在构建模型时需要注意模型构建的5个要素之间互为因果关系，不需要将相互关系列入其中。例如，上述示例中的影响者与合作者之间就是因果关系，正是因为政府的支持，樟宜机场与新加坡才会给该航空公司提供帮助，成为合作共赢的合作关系。

除此之外，领导者构建模型还需要考虑层次，要确保模型的逻辑不出现错误，这样才能加深对问题本质的理解。领导者最好将这个模型"可视化"，即在纸上将模型画下来。

有时候，领导者在脑海中构建模型，会觉得自己已经想明白了，但画在纸上时，会发现还有一些可以继续改进的问题，这样可以对模型进行完善。在将模型可视化的过程之中，领导者应该将模型画在同一张纸上，避免因翻页带来的思维混乱与逻辑差错，而且查看更加方便。

步骤二：解读动力机制

动力机制就是领导者寻找到问题的根本原因，以及可以解决问题的突破点或者源动力。明确动力机制的要点就是要求领导者以变化的眼光去看待问题的发展，捕捉根据问题的发展而不断变化的模型产生的结果。

问题的发展变化是一个动态的过程，对应的结果也是动态变化的。领导者要想在动态的变化之中，捕捉到某一个结果，是一个十分困难的过程，领导者可以根据"拐点""相变""深入探索本源动力"来捕捉。

拐点就是临界点，就是问题发生的时间点。例如，某员工的业绩下滑，不可能是无缘无故的下滑，而是有征兆的，如工作状态开始下滑、工作态度开始消极。这些征兆发生的时间点就是问题产生的时间点，也是形成问题的相关原因。

相变就是动力机制不再延续，问题发生了质的变化。例如，某员工业绩下滑，并给公司其他员工带来了负面影响，耽误了某一项目的进度，使公司受到损失。这时问题已经由"某员工业绩下滑"变为"公司受到损失"。动力机制也由"员工工作状态不好"等变为"某员工带来的负面影响"。

如果领导者还是无法理解相变，可以通过"水变成冰"来理解，这是典型的相变。相变前后的问题不再相同，其解决的办法也会产生差异。领导者了解问题相变的时间点，或者是相变的方向，可以正确找到问题，从而制定方案解决问题。

深入探索本源动力，就是找出引发原始问题的关键以及问题产生相变的驱动力。例如，上例中提到的问题由"某员工业绩下滑"相变为"公司受到损失"，其本源动力就是该员工的负面影响力。探索根源，是领导者解决问题的关键，是深度思考必要的对象。

步骤三：寻找改变模型的对策

从现象无法真正解决问题，只有从问题的本质出发，才能真正解决。这就是为什么领导者要解读动力机制的原因。领导者通过第二步，寻找到了问题的根本所在，接下来就要修正问题模型的对策。

改变模型就需要根据改变的支点打破旧有模型，而改变的支点往往与本源动力挂钩。

依旧以"某员工业绩下滑"相变为"公司受到损失"为例，其本源驱动力是该员工的负面影响力，因此改变模型的支点就是消除该员工带来的负面影响力，领导者就要围绕这一点来寻找对策。

例如，领导者可以通过团建活动来激励员工、鼓舞士气；还可以与传播负面影响的员工谈话，如果无法生效，甚至可以将该员工开除；领导者还可以通过晨会等会议传递正能量，消除负面影响等。通过这些方法可以及时地解决问题。

步骤四：行动，从实践中获取反馈

正所谓"纸上得来终觉浅，绝知此事要躬行"，光有方法与对策而不实施，终究是纸上谈兵，毫无实用之处。第四步主要就是将深度思考的结果变成行动，在行动中去验证前三个步骤的正确性，再根据检验的结果反馈，继续去调整思考的路线与方法，这就是试错。

试错，就是行动最根本的价值所在，通过反复验证前三个问题，去调整解决问题的方法，让思考变为真正的深度思考。

通过以上四个步骤，领导者可以较快地进入深度思考，并且保证自身思考的有效性，为员工做出表率作用的同时，还为企业的未来提供了长久发展的机会。

最短的距离是从手到嘴，最远的距离是从说到做，接下来，我们将提供培养深度思考能力的实践方法，来帮助领导者实现培养深度思考能力的实践。

第五节　五个实践方法，培养组织的深度思考力

正所谓"欲速则不达"，培养组织的深度思考力不是一蹴而就的，而是需要不停地锻炼。领导者可以充分利用团建活动、晨会等各种会议反复运用以下五个实践方法，培养员工的深度思考力，打造思考型组织。

● 思考小场景　**短期培训能快速提升深度思考能力吗?**

我认识一位房地产企业的销售领队，名字叫夏利，团队内部出现一些问题，导致顾客部分流失，销售量剧减。夏利在与团队进行讨论后，认定问题出现是因为团队员工缺乏工作热情，从而无法专心工作。夏利针对提升员工工作热情制定了一系列计划，虽然员工都以极高热情去工作，但依旧没有提升销售量。

最后经过其他团队管理者的分析，才发现是因为售后服务不到位，最终导致销售量减少。夏利一开始就没有明白需要思考解决的问题根源，最终也没有解决问题。

其他的团队领导者建议夏利去参加深度思考的培训，提升自己的深度思考能力，从而更好地应对团队中出现的问题。夏利不仅在网上看了大量的视频，还参加了快速提升深度思考能力的培训班，在其中花费了大量时间与精力，却发现没有任何效果。

夏利发现深度思考是不能通过短期培训而得到的，纵观那些大咖，都是在长时间的实践之中培养出深度思考能力的。

深度思考，是一种思考方式与习惯，需要长期的培养，不可能一蹴而就。这需要领导者在日常的工作、生活中有意识地去培养。这不仅是领导者应该做到的事情，也是每一个员工应该去做的事情。因为培养深度思考力不仅能够提升自己的思维层次，为自己创造更好的发展前景，还能促进思考型组织的创建，使企业得到长久发展。

领导者可以根据以下五种实践方法，培养组织深度思考力，让企业内部的每一个员工都能有所提升。

● 要点分析 培养领导者思考力的五种实践方法

1. 对新闻的标题进行联想

领导者可以在每天的晨会中，花费五分钟的时间完成简单的训练。让员工每天轮流准备一篇新闻或者其他的报道，让其他员工根据新闻的题目推测新闻的具体内容或者大致结构。

假设有一则报道的题目为《华为手机销售再创新高》，员工与领导者在进行联想时就会思考："为什么华为手机的销售额可以再创新高？""构成这一现象的因素有哪些？""这些因素之间存在怎样的因果关系？""华为的竞争对手是谁，合作伙伴又有哪些？"

除此之外，员工还可以继续思考："这样的增长还会继续持续下去吗？销售额还能再创新高吗？"员工可以尽可能地根据题目延伸、联想内容，然后进行讨论，分小组说出自己的思考结果。

员工思考的这些问题，实质上就是在建立模型、解读动力机制。在讨论后，领导者再组织员工阅读新闻内容，并与自己的联想相比较。在这个过程之中，并不是为了追求思考的结果与新闻的内容一致，而是为了让员工真正以不同的角度去看待某件事，反省自己思考过程中的纰漏，避免在以后的思考中继续出现纰漏。

如果领导者发现员工思考的成果比实际报道更为准确且接近问题的本质，就说明员工的深度思考能力得到了提高，打破了思维定势。这时，领导者可以激励员工，在最大程度上挖掘员工深度思考的热情，从而培养整个组织的深度思考力。

2. 大量储存思考模型

储存的思考模型就是尝试运用过去积累的经验解决当下的问题。领导者可以通过晨会等会议分享其他案例中的思考模型，并通过虚拟演练，让员工将这些模型运用到具体的问题之中。这可以有效地帮助员工灵活运用思考模型，加深员工对问题的理解。

思考模型储存得越多，员工在遇见问题时，就可以从更多的角度去思考问题的思考模型，从而使员工更加接近问题的本质。

领导者可以向员工分享以下思考模型，增加员工的储存量，为他们解决问题提供更多的思考方向。

第一个模型：因急功近利而失败的模型

湖南有家超市因急功近利，迅速开办连锁店，扩大规模，而导致破产。其模型如图5-7所示。

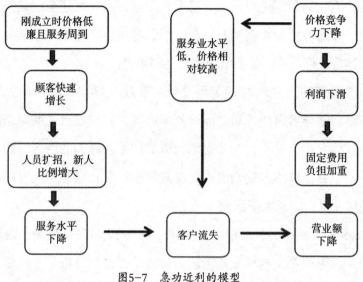

图5-7　急功近利的模型

这个模型的动力机制就是急功近利。例如一些在"抖音"走红的奶茶店，会迅速地在网上寻找联盟伙伴。这些加盟者中甚至还有不懂经营的人，在开办第一家店时，由于抖音带来的流量会火热一段时间。然后又开第二家店。此时流量的红利期已经结束，继续开店只会增加损失。

第二个模型：良性增长的模型

这个模型与急功近利的模型完全相反。例如抖音，在迅速走红之后，采取稳定获利的方案，比如通过广告来抽取提成、在平台上直接提出有关商品的话题赚取广告费等。

第三个模型：致力于提升产品性能的模型

这个模型侧重于产品的实用价值，通过提升产品的性能提升产品的竞争力，吸引客户。例如，Roomba扫地机器人，就是通过提升自己的实用价值，将消费者的双手从家务之中解放出来，获得了较强的竞争力，取得了巨大的成功。

这样的思考模型还有很多，不论是成功还是失败的案例都有其思考模型，领导者可以让员工每天轮流分享一个思考模型，增加模型的储存量，为员工的深度思考提供更多方向，促进思考型组织的培养。

3. 将思维可视化

前文说到思维可视化就是领导者让员工将自己思考的模型在纸上展现出来，这可以让员工更加直观地去思考自己的思考模型，用批判性的眼光去看待自己或他人的思考模型。

特别是建立模型与动力机制中经常会出现一些需要用图表进行表达的逻辑性内容，需要在纸面展现出来，才能更好地查看其中是否具有纰漏或者错误。

领导者在开展团体会议时，可以先分享一个案例，然后让员工将思维模型记录下来，然后互相查看分析，评判对方的模型。这在提升团队思考力的同时，也增强了团队、组织内部的团结。

4. 通过观点碰撞，产生深度思考的"火花"

领导者让团队员工分析自己的思考模型，并加以讨论，实质上就是要让员工发出不同的声音，让员工之间能够通过分析对方的观点，来加深自己对这一个观点的思考与理解。

领导者可以在星期五开展训练活动，将员工聚集，然后以部门、团队划分小组，提出一个话题，可以是时事热点，也可以是其他企业的实践案例。员工在各部门内部讨论后，将员工的想法汇总，由一位员工代表用黑板向全体员工展示。

每个部门的职责不同，思考的角度也会有所不同，通过这样的方法可以让员工从其他的角度去看待问题。在星期五开展活动就是可以预留足够的时间，让员工在周末还可以继续进行深度思考，不断地进行自我培训。

5. 去挑战无解的问题

例如"50年后这家公司会发展成什么样子"等问题，都是无解的问题，因为没有固定的答案。即使一家公司目前状况堪忧，但也许在不久之后就会成功改革，这个问题的答案没有定数。

领导者可以组织员工去思考这些问题，因为没有固定的答案，反而能够让员工打开思维，联想更为丰富。对于员工的联想，领导者应该在情感上肯定，并用逻辑去判断，鼓励员工进行联想的同时，也指出其思考中出现的一些纰漏。

通过以上几种实践方法，领导者可以充分利用晨会等形式，潜移默化地培养员工的深度思考能力，从而打造思考型组织。

第六章

动态思考：
快速应付一切变化

变化恐惧症有两种症状，一是惧怕变化，二是找死不如等死。就如温水煮青蛙，是应该立即跳出去吗？还是应该老老实实地待在锅里，我们必须直面这个前途难以预料的时代，因为跳出去存在危险，不跳出去也存在危险，动态思考就是让我们对时间、空间进行不同维度地组合思考。

第一节　什么是动态思考?

思考要点<<

　　领导者遇见的许多问题,都不是原因单一的、可以简单解决的问题。这些复杂的问题之间的结构也十分复杂,问题与问题之间,形成问题的各个因素之间,问题与结果之间等都可能隐藏着因果关系。这需要领导者去思考、去发现,从而解决问题。

● **思考小场景**　**温水煮青蛙,是跳出去,还是待在锅里?**

　　温水煮青蛙的实验可谓是耳熟能详,相传这个实验发生在19世纪末美国的康奈尔大学。有一位科学家做了一组对照实验:将青蛙放入高于40摄氏度的水中,青蛙会因为水温的刺激快速地从水中跳出,当科学家将青蛙放入冷水中,并以一个极缓慢的速度加热时,青蛙就不会察觉水温的变化，最终会丧失逃离热水的能力而断送性命。

针对这一实验，某企业在晨会上提出了这样一个问题："如果你是一只青蛙，是会逃离温水，还是会继续待在锅中？"

每个员工都有自己的观点，大致可以分为支持青蛙跳出温水和让青蛙继续躺在水里两种意见。

享乐主义的人认为："今朝有酒今朝醉"，青蛙虽然丧命，但在之前也享受到快乐。青蛙即使迅速地从热水中逃离，也几乎无法逃离较为封闭的实验室，得以存活的概率很小。在严谨且正规的实验之中，作为实验对象的动物，在实验结束后都会被统一处理，无法存活。既然横竖都难逃一劫，为何不选择一种更为舒适的方式呢？

现实主义的人认为，青蛙在实验室逃生的概率很小，但不是没有，拼一拼也许就会成为那极小概率中的一个。

当这两方就"青蛙是否要跳出温水"这一问题争论不休时，该企业的领导问："为什么不先在温水里享受一段时间，见好就收，然后再逃离温水呢？这样岂不是既能享受，又能为存活的机会拼一把！"这一观点让员工都陷入了沉默。

作为领导者，如果只贪图安逸，就无法发现危机，最终会使企业陷入危机，很难有翻身之日。但如果在刚发现危机时，就拼命地逃离，没有任何思考与计划，就会如同"无头苍蝇乱撞"，最终也无法摆脱危机。

一般而言，危机的到来也意味着机会的到来。领导者应该培养自身对危机的感知能力，在危机出现之后，理智地思考应对危机的方案，并在危机即将爆发之前，逃离危机。只有这样才能既实现收益，又规避风险。

在这个过程之中，掌握危机的变化与动态是关键，这需要领导者具有动态思考的能力。那么，什么是动态思考呢？

●要点分析 动态思考的具体内涵

"物类之起，必有所始"，世间各种事物的发生都有其根源。例如，下雨不打伞，就会被淋湿。"下雨不打伞"与"被淋湿"可以看作是两个静态的画面，而因果关系讲这两个静态的画面，构成了一个连贯的动态过程。这就如同动画一样，是由每一帧的静态画面组成的。

每一个问题都是由不同的事件构成的。而动态思考就对事件之间的因果关系进行思考，在看见静态的事件片段的同时，还了解到事件的动态发展，从而获得解决方法的思考方式。

例如，"不打伞被淋湿"这一问题，人们可以迅速发现其中的因果关系，并找出"不打伞"是问题的根源，因此解决的方法就是打伞或者找其他避雨场所。

领导者在应对危机时需要判断危机产生的根源，明确因果关系，在其中找出解决问题的关键，并思考相应的解决措施与方案。

综上所述，动态思考的具体内涵，就是把握构成问题的要素之间的因果关系，以及问题与可能的结果之间的因果关系，从而以发展的眼光去看待问题、思考问题、解决问题。

●动态思考模型 从线性因果链到因果互动环

在人们的传统思维中，对问题的因果关系的思考更倾向于线性思维。人们在对实际情况进行评估时，会与目标相比，如果实际与目标相差太大，就会被认为有问题。例如，某企业的月销售额目标为50万元，却只完成了40万，就有了业绩不达标的问题。

而且单一的线性思维认为有因必有果，只要找到"病因"，就能对症下药，及时地解决问题。有许多人会错误地认为这种思考模式就是动态思考（见图6-1）。

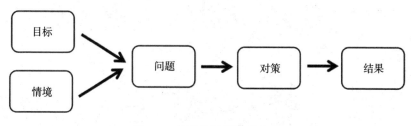

图6-1 传统的因果关系思考

在实际情况中，问题的出现并不仅仅是实际与目标差距太大，而是多方面因素影响的结果，而动态思考是对复杂问题的思考方法，并不是单一的线性思维能够做到的。

在现实场景中，领导者遇见的问题往往都是十分复杂的，"病因"并不单一，会涉及方方面面。而且小问题后面可能还会隐藏着更深、更大的问题。而在问题与问题之间，"病因"与"病因"之间，问题与结果之间大都会隐藏着因果关系。

在这种复杂的现实情况之下，注定着动态思考不会呈现出单一的线性模式，其模型应该是汇聚多方因素与因果关系的模型（见图6-2）。

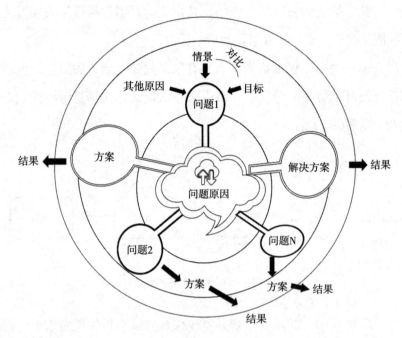

图6-2 动态思考的因果互动环模型

通过这样的因果互动环模型，领导者能够明确有关问题各方面因素的相互作用，并可以从这些相互作用中，寻找到问题的关键，制定相关的解决方法。

● 动态思考模型的运用 如何预防肺癌？

为什么会患上肺癌？一般人都会认为是吸烟导致的，但是这并不是必要原因，例如吸二手烟（被动吸烟）同样也会患上肺癌。除此之外还有环境因素、遗传因素等（见图6-3）。

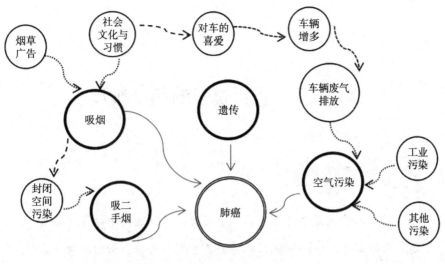

图6-3　患上肺癌的原因

根据以上模型，预防肺癌就需要从这几个方面入手。首先需要去医院体检，或者查询家人病史，判断是否具有遗传的因素。如果居住地离污染源很近，可以考虑搬家。尽量避免吸二手烟的环境，或者劝说他人去吸烟区抽烟。从自身出发，还可以戒烟或者减少抽烟的频次与数量。

通过上述方法可以在最大程度上降低患上肺癌的概率。

领导者在面对问题时，也可以运用这种因果互动环，明确解决问题的各项因素，并制定出有效的方案。领导者在思考因果互动关系时，就是在进行动态思考。

第二节 动态思考的两个维度

思考要点<<

时间与空间是动态思考的两个维度，通过这两个维度来思考问题，领导者可以全面地把握问题的各方面，进行全面的思考。在这个过程之中，还可以让员工参与进来，共同提升动态思考的能力。

●思考小场景 房地产泡沫为何会继续出现？

2008年，次贷危机席卷美国，造成美国房地产行业与金融行业崩盘，使美国的经济遭受重创，许多领导者一夜破产，使许多家庭支离破碎。在短短几年之后，中国也开始走上同一条路，特别是在中心城市，房地产泡沫快速地形成与发展，为中国经济带来巨大风险，一着不慎，可能会满盘皆输。

既然已经有了美国的次贷危机做前车之鉴，为何中国依旧会陷入房地产泡沫危机之中呢？那是因为人性的贪婪让房地产投资者放弃了对风险的感知，甘愿通过冒险获得巨额利润。人性会让"已有之事，后必再有；已行之事，后必再行"。

要想避免再次陷入危机，领导者应该从时间与空间的维度去思考问题，察觉危机，从而制定最优方案去应对企业发展过程中可能会出现的问题。

● 动态思考的维度　**时间维度**

正所谓"天下大势，分久必合，合久必分"，这就是发展规律。例如时尚圈的审美就是这样，如今在经过多次变革之后，又开始流行复古主义，就是一个循环。

市场也是如此，虽然在快速地向前发展，但其发展变化却依旧有规律可循，这要求领导者应该以动态的、发展的眼光去看待市场以及问题。

任何事物的存在都有时间与空间两个维度。动态思考的时间维度就是分析市场的历史发展模式，思考当下市场发展趋势，并以此为依据预测未来的市场发展趋势。领导者进行时间思维的动态思考时，主要侧重于规律的寻找，其具体内容如下：

1. 从历史已经发生过的类似事件中找规律

例如，在判断这个问题时：网络产业的发展只能给科技行业带来正面影响吗？我们可以先将过往与之有关的同类事情都找出来，然后寻找这些事件之间的联系与类似的共同点。在这个过程中我们会发现，自从瓦特改良蒸汽机之后，第一生产力就不再仅仅局限于人力。

蒸汽机的广泛应用，促使当代工业生产效率大幅增加的同时，也降低了成本。这样的变化与发展不仅是对科技行业有巨大贡献，也为整个社会带来了变革。

看到这里，也许会有人问，蒸汽机的发现与判断网络产业这一问题有什么关系？在本质上，它们都是促进社会实现阶段性变革的重要内容。蒸汽机为世界带来了全新的面貌，与网络产业给社会带来的影响相似，那么蒸汽时代发展的规律性可能与网络产业发展有着类似的规律。

因此，如果领导者想要更好地去了解网络产业的发展，不仅可以从当下的网络产业现状入手，还可以通过对以前相似事件的研究，了解网络产业。

2. 通过在类似事件之中发现的规律进行预测

通过对过去类似事件中总结出来的规律，我们可以回答"网络产业的发展只能给科技行业带来正面影响吗？"这一问题，判断结果为：这一观点是错误的，是没有从全局出发看待问题导致的，是一叶障目的表现。

网络产业的发展促进了企业工作的系统化与信息化，几乎提高了所有行业的效率与生产总值，尤其可以批量操作，使生产成本也大幅下降。网络产业的发展不仅使科技行业有了重大进步，还使国家的生产力水平得到了空前的发展。

将过去的规律运用到当下的判断之中，可以让领导者从更全面的角度去看待和解决问题，能够预测的未来也更加准确与长远。

但领导者需要注意的是，关键性的变化无法运用过去的规律进行推测。例如引领蒸汽时代到来的科技是蒸汽机，但电脑技术是引领互联网时代的重要科技，虽然都带来了时代的变革，但具体的变革内容不一样。这个关键性的内容就是无法预测的。

通过时间维度上的动态思考，领导者将过去、现在、未来连成一条线，可以预测未来市场的大致变化与发展规律，并根据规律制定出更加符合企业发展的计划与方案。

● 动态思考的维度 | 空间维度

时间维度的动态思考呈现出线性的模式，而空间维度上的动态思考，却是立体的。

动态思考的空间维度包括：空间概念、呈现工具以及解决方案三个组成部分，是通过对空间各种性质的了解，寻找问题解决方案的思考方法与过程，在这一过程中将空间内部的各种因素可视化。

1. 空间概念

动态思考的空间概念就是思考的广度、深度与角度，这要求领导者在看待问题时要从多方面来思考。

例如，招聘员工时，领导者可以考虑：企业需要什么样的员工？目前的应聘人员中是否有这类型的人才？如果没有，我应该从哪些方面来培养企业需要的人才？这就是广度思考，尽可能地将出现问题的可能性考虑周全。

动态思考的深度就是，通过广度思考筛选出重要的问题，并对这些问题进行深入的调查与思考，并找出解决这些问题的突破点。

动态思考的角度与广度有相似之处，都是从多方面来思考，但角度是微观层面的，而广度是宏观层面的。例如，领导者考虑企业人才的招聘，认为要从个人素养、价值观、知识技能、业务水平等方面来判断是否招聘应聘者。这就是动态思考的角度，侧重于具体的事物特征，而不是事物的大方向。

2. 呈现工具

呈现工具就是将动态思考的结果可视化，让员工能够一眼就了解领导者需要解决的问题，以及对这一问题的思考与解决方法。

通常而言，企业一般采用鱼骨图、思维导图等图表形式来呈现自己的思考结果，这种形式的逻辑性更严密，会增强领导者思考结果的说服力。

3. 解决方案

解决方案就是思考结果的最终呈现。领导者在将思考结果可视化之后，与员工进行讨论，并积极听取员工的建议与想法，发现自己思考中存在的问题，并加以改正与调整，最终基于企业团队的共同理念制定出解决方案。

当然动态思考的特征是"动态"，其解决方案也会带有"动态"的特征。由于领导者遇到的问题一般都是复杂的，都在不断地发展变化，这要求领导者要实时监测解决方案的执行过程，观察是否出现新问题，或者根据问题目前的现状，判断解决方案是否有效，是否需要调整。

动态思考的时间维度与空间维度共同构建了问题的立体化，也呈现出领导者的立体化思想。领导者在进行这样的动态化思考过程中，也让员工参与进来，促进员工积极思考，在整体上提升企业的思考能力，使企业离思考型组织又近了一步。

第三节　"放弃"只能养成"放弃"的习惯

思考要点<<

动态思考要求领导者能够根据市场的变化，做出及时的调整，在规避风险的同时抓住机遇。有些领导者，可能会因为企业的成功而夜郎自大，认为不需要改变；有些领导者则因害怕改变失败，而不愿意去改变，从而放弃了对改革创新的动态思考，这是企业走向衰败的信号。

● 思考小场景　企业为何不愿意改革？

2018年，日本帝国银行在全国的918家企业中，就"企业工作方式改革创新"这一问题进行了问卷调查。

其中有高达37.6%的企业认为这项改革创新没有必要，有34.1%的企业认为改革的效果难以预料，有29.4%的企业认为没有可以进行改革的人才，而不愿意创新。为什么会出现这些情况呢？

企业认为自身目前的工作方式和制度是非常完美的、没有瑕疵的，因此认为继续改革只是画蛇添足，没有必要。但是人们口中的真理都有时限性，例如"地心说"在以前的时代就是真理，但在如今的时代就是谬误。企业的制度也是如此，在目前来看是完美的，但过段时间后，就不再完美，不能使员工的工作正常开展。因此，一成不变最终会使企业被淘汰。

企业认为改革的效果难以预料，而不去改革，实际上是在害怕改变、害怕失败，从而放弃去思考改革的问题。

如果领导者因目前取得的成就而沾沾自喜，不再去关注市场的快速变化，或者是害怕成为市场创新的牺牲品，而放弃动态思考，放弃改革与创新，将会与市场脱节，最终消失在日新月异的变化之中。

● 要点分析 放弃动态思考的表现

在这个高速变化发展的时代里，领导者往往会因为害怕失败，或者过于自信而放弃动态思考、放弃改革创新。放弃动态思考的企业及领导者主要有以下三种表现：

1. 泄气式放弃

这种类型的企业往往是中小型企业，领导者认为自身的实力不够、没有资金、没有人才，而放弃对市场动态的思考，认为自己肯定会改革失败为公司带来损失，因此不愿意去冒险改革创新。这种心态会形成一种恶性循环。

领导者因放弃思考、墨守成规，而错过了最好的改革机会，没有抓住机遇，企业的发展停滞不前，依旧没有资金、人才、实力。领导者会更加害怕改革，从而继续错过机会，进入下一轮的循环之中。但是市场一直在向前发展，而公司却一直止步不前，实际上就是在倒退，最终会被淘汰。

这种类型的企业与领导者真正需要的是踏出改革第一步的勇气，而不是具体的人才、资金等。实践出真知，如果都不去实践，怎么会知道自己做不到呢？这类领导者应该时常为自己打气，告诉自己"一定可以做到"，即使失败了也是一种成功，积累了经验，提高了下一次成功的机会。

2. 赌气式放弃

赌气式放弃与泄气式相反，这类型的领导者可以客观地评估自身的实力，知道自己不能做成某件事情，但不愿意在他人面前承认，甚至会理气直壮向员工说道："这不是改革能否成功的问题，而是思考这样的改革有意义吗？公司需要这样的改革吗？"

员工往往会被领导者这种强势的态度所震慑，认为领导者说得十分有道理，因此也会放弃对市场的思考，并将这类想法传递给企业的其他员工，在企业内部形成"病毒式"的传播，最终使企业成为一个不具备思考能力的组织。

3. 找借口放弃思考

这种类型的领导者是懒得思考，在面对市场变化时，也会找各种借口去推脱。例如："我对这部分的市场不了解，无法成功改革""时间太短，无法制定出一个完美的计划""企业的现状十分糟糕，承受不了改革带来的变化"等，将外部借口罗列了一大串。

这种类型的领导者往往过分爱惜自己的"羽毛"，内心就算想要改革创新，在做事时往往过分谨慎，有时也懒得去思考、预测市场的发展趋势。既希望能够使企业发展壮大，自己又不想付出同等的努力。

以上三种，就是放弃动态思考的领导者的三种表现，其他领导者可以据此对自己进行评估，判断自己与员工是否已经放弃了思考，并及时加以改进。否则，很容易形成放弃动态思考的习惯，丧失思考能力，等到发现时，为时已晚。

● 要点分析 有关动态思考的错误认知

1. 我的动态思考已经到达极限

认为动态思考有极限的领导者一般就是已经放弃动态思考的人，他们会在脑海里给自己设定一个思考极限。

例如，"马云都想不到的事情我怎么可能想到？""即使我思考了也达不到马云的高度""我就是做不到"等。这就是领导者为自己设置的局限，即使自身有思考的潜力，也被局限在其中，无法跳出这种思考的怪圈。

要想改变这种错误的认知，领导者就必须将自己设置的极限值消除，跳出成功人士以及业界标准的影响，坚信自己"只要思考得足够彻底，就会有答案与结果"。在这种心理的影响下，尽管领导者依旧不能找到答案，无法预测市场的发展，也可以形成"并不是我没有能力，只是我思考得还不够"的想法，从而使思考得以继续进行下去。

大脑就像工具，越用越灵活，只有长期的思考，才能锻炼自身的思维，不断强化自身的动态思考能力，从而在思考上形成一个良性的循环（见图6-4）。

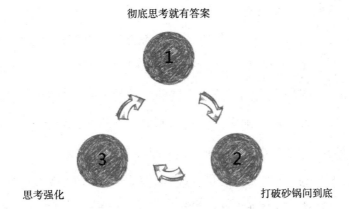

图6-4 动态思考的良性循环

2. 跳出标准答案的动态思考无法解决问题

假设，领导者目前面临的一个问题有10个标准的解决方法，但跳出标准答案后，就有无限解决方法可供选择。这时可能就会有领导者问："无限的解决方案代表着无限的可能性，而我们思考的目的在于寻找具体的方法去解决问题，而不是排除可能性。这样的思考不就没有意义了吗？"

其实，尽可能地将可能性排列出来，只是为了帮助领导者跳出标准答案的局限，打破思维定势，避免形成放弃思考的习惯。领导者在真正解决问题时，需要根据实情来设定答案的范围。

例如，某产品的市场需求量大，且入驻该市场的企业数量较少，但甲公司的这类产品的销量依旧不好，解决这一问题的范围就可以设定在产品质量、公司口碑、销售方法等方面。通过对这些层面的思考，终究能够解决问题。

3. 动态思考能力与理解力、记忆力一样有极限

人类的理解力与记忆力都是有极限的，特别是记忆力。例如，很少

有人能够明确地记住在高中时背诵过的课文，人的记忆都是有时限的，会随着时间的推移而变得模糊。但动态思考是思考的一部分，在大脑的排列组合形式是无穷无尽的，因此具有无限的可能性。

动态思考能力就如同可再生资源，用途很广，且随时随地都可以使用，并在很多情况下都会产生正面的效益。因此，领导者更应该开发利用自己的动态思考能力，从而促进企业不断地向前发展。

综上所述，不管领导者是有意识还是无意识地放弃动态思考，都会形成不思考的习惯，不利于思考型组织的创建与培养。领导者不仅自己要自觉不断地思考，还要鼓励员工去思考，从而为企业的发展提供不竭的动力。

第四节　如何根据"变化"做计划?

 **思考要点<<**

市场虽在不断变化，仍是有规律可循的，领导者应该在把握市场变化规律的前提下，跳出标准答案的束缚，勇敢地踏出创新的第一步，从而制定出应对变化的计划，将挑战化为机遇。

● **思考小场景** 跳出标准答案可以有效解决问题

某肥皂生产商为了提高生产效率，引进了一套肥皂打包自动化流水系统。但由于这套系统与该生产商的生产流程匹配度不高，常常会出现盒子里还未装进肥皂就已经被打包出货的情况，被好几位客户投诉。

该生产商为此与这套系统的研发者进行了讨论，对方给出这样一条建议：只需要给流水系统增加一套X线设备，就可以自动辨别出肥皂盒里是否已经装进了肥皂。

该生产商陷入了两难境地，因为这套设备需要一笔不小的费用，还需要长期的维护。如果用人工检测的话速度太慢，人工费用同样是一笔大数目。

此时，有一位员工思考了一段时间后，向该生产商提出建议：买一台风力强劲的电风扇，放在最终打包的流水设备前，那些没有装肥皂的盒子就会被吹走。这样既不需要花费大额的资金，也能避免出现空盒出货。

在这个场景之中，流水系统与生产流程不匹配，与该生产商的预想不符，因此可以被视为"变化"。而这位员工，根据这一"变化"提出的建议，就是解决问题、适应"变化"的有效对策。

为什么专家都不能想到的方法，这个员工却能想到呢？这就是动态思维的价值所在。该员工能够想到电风扇与吹走盒子之间的因果关系，并根据自身的经验，判断这种方法确实具有可操作性，从而有效地解决了问题。

在这个案例之中，专家提供的是一个标准答案，而该员工并没有被这个标准答案所局限，而是跳出标准答案的束缚，根据自身的经验做出最后的选择。其他领导者在"面对变化"解决问题时，也需要如此，打破标准答案束缚的同时，也打破旧有思维的束缚。

● 要点分析　根据"变化"做计划的注意事项

1. 跳出标准答案

标准答案在一定程度上可以帮助领导者做出正确的决策与计划，但如果过分依赖就会陷入"经验依赖症"的泥沼之中。

因此，领导者在采用标准答案之前，需要思考是否还有其他方法，还可以尝试将这种方法优化，运用到解决问题的实际之中。领导者只有意识到解决问题途径的多元性，才会去探讨、思考最有效途径，而不是标准途径。这对领导者来说，不仅是挑战，还是不断提升自我思考力的重要途径。

在我们的印象中，可乐的标准味道是什么？答案用一个"甜"就足以概括，不管是可口可乐，还是百事可乐，味道都是比较甜，消费者没有其他的选择。而几乎所有的市场已经呈现出多元化的发展趋势，如果可乐不加以改变，很可能会被其他类型的汽水取代。

在2016年，百事可乐试图突破单一的"甜"，推出了樱花口味的可乐，造成了消费者的抢购热潮。在此之后，还推出了水蜜桃口味。百事的这一行动为可乐口味创造了更加多元化的发展方向。

如同百事可乐一样，领导者要学会质疑标准答案，用自己的思考力去预测市场的变化，发现空白市场，从而激发企业的无限潜能。

2. 不要害怕出错

正所谓"人非圣贤，孰能无过？"我们都不是圣人，怎么可能不会犯错？犯错并不可怕，真正可怕的地方在于不愿意去尝试，或者是无法从错误中汲取经验。

一位领导者如果用自己从未犯过错来标榜自己的优秀，往往会招人白眼，因为这只能说明他没有用动态思考去预测市场，没有自己的想法。

马云，作为阿里巴巴的创始人，其优秀程度达到了许多领导者无法到达的高度，但他依旧犯过错。例如，在招聘人才上，他最先的做法是高薪招聘曾在500强公司工作过的人才，或者名牌大学毕业的学生，但最后发现这些人才不思进取，并不能给阿里带来巨大的变化，而在一定程度上阻碍了阿里向前发展。因此马云解聘了一部分人，并在之后将价值观与个人素养放在招聘要求的第一位，这一改变为阿里带来了许多优秀的管理者。

领导者一定要明确"犯错不可怕"的观点，勇于挑战自己，才可能拥有更多的机会。"富贵险中求"，领导者在选择放弃标准答案后，就必须做好可能会失败的心理准备。就算失败，也不要被低落的情绪支配，而是要回想失败的过程，寻找失败的原因与计划之中的缺漏。这样才能从失败之中汲取经验，调整自己的思考方向，为下一次的挑战做准备。

3. 从事实出发，具体问题具体分析

有许多领导者还未对市场进行调查，就做出决定，失败后就认为创新不可取，还是应该用标准答案来解决问题。

没有建立在事实基础上的任何想法与决策都是无根的浮萍，无法开花结果。领导者在进行创新时的思考只有从现实出发，才能最终落到实处。

假设某位领导者的公司推出了一款新产品，在定价上如何处理呢？这时，领导者应该去考察市场之中同类产品的定价，考虑消费者的心理预期、新产品的优势等因素，才能合理定价，才会有消费者购买。

● 要点分析 根据"变化"做计划的具体操作步骤

1. 尽可能提出可能性

这要求领导者尽可能地提升自己思考的高度。在明确思路框架后，首先找出急需解决或者最重要的问题；其次是发动员工积极参与进来，提出更多的可能性，并依次分类、分级；明确各部门的员工在计划之中需要发挥的作用，各司其职。最终形成一个具有实操性、有效性的具体行动方案。

2. 预算估价

企业的任何行动都需要资源的支撑，才能顺利开展下去，但是企业的资源却是有限的。因此，在行动之前，应该进行预算估价，将行动需要的资源罗列清楚，用最小的付出换来最大的收获。否则就只是纸上谈兵，而无法行动。

3. 看见变化

市场虽然瞬息万变，但有变化规律。领导者需要做的就是通过以往、当下的市场趋势预测未来的变化趋势，从而根据这些可能会出现的变化，制定出相应的预防与解决方案。这些方案都是面向未知的未来，因此需要足够充分的设想，才能看得更远、更深，在变化出现时，才不会慌了阵脚，让其尽在掌握之中。

4. 控制风险

领导者在行动之前制定的预防、解决变化的预备方案，能够很好地规避风险，但无法将风险彻底扼杀在摇篮之中。

世界上没有零风险的事情，也没有将风险降为"0"的方法，就算是吃饭都有被噎住的风险。领导者需要将风险控制在一定的范围之内，并尽可能地降低风险。这样就将未知的风险变为可预知的变化，才有可能制定规避与防范措施。

通过以上内容，企业可以根据变化及时制定出相应的计划，从而促进企业向前发展，为打造思考型组织创造条件。

第五节　构建"动态"思考的五个步骤

思考要点<<

　　构建动态思考的过程也是一个动态的过程，从原因到问题，再到结果，就是这一过程的大致环节。在这一过程中，最重要的就是厘清其中的因果关系，并根据这些关系找到解决问题的突破点。

● 思考小场景　如何对"到岗率低"这一问题进行动态思考？

　　某企业一直在招聘人才，但到岗率一直很低，怎样才能解决这个问题呢？领导者与员工就这个问题开展了讨论活动，在议论时员工们纷纷提出自己的看法。

　　某小组组长认为，到岗率低有三个方面的原因：其一是应聘的人；其二为薪酬条件较其他公司低；其三为招聘部门与用人部门的标准不统一。

某一员工认为：到岗率低可能会降低企业的生产力，无法获得最大利润，使企业发展缓慢。企业未能得到好的发展，员工的薪资水平就不能得到上升，从而使企业的薪酬竞争力低于其他企业，导致应聘人员少，到岗率低。

另一员工接着上一员工的想法，继续陈述自己的想法：企业无法获得高额利润，是企业竞争力弱的表现，会导致企业品牌效应低的结果。员工更愿意去知名度高的公司，所以来本公司的应聘人数少。

招聘部门的员工认为：因为公司需要提高发展速度，需要大量的员工来工作，因此省略了对新员工的技能培训环节。应聘人员会觉得在这个企业中无法提升自己的能力，没有发展前景，所以不愿意到岗。

以上员工思考的过程就是动态思考的过程，将问题、原因与结果有效地联系起来，并找出其中的因果关系。首先，员工们在讨论之中，发现了更多的问题，并逆向推导出了原因，还提出了可能会导致的结果。

从这个场景之中，我们可以发现动态思考的关键点就是问题、原因、结果、因果关系。根据这些关键点，可以得出以下构建动态思考的具体步骤。

● 要点分析 动态思考的 5 个步骤

1. 步骤一：找问题

找问题就是从不同的角度思考，在计划实施过程中可能会出现的问题。如果某一个或者某几个问题在不同角度中都会出现，那么这就是领导者应该重点思考与分析的重要问题。

在确定重要问题之后，需要将这个问题进行分解，要将问题分解到可以提出具体解决方法的程度。例如，公司盈利的问题最终分解为：提高管理效率、减少内部开支、提高产品单价、构建新的业务线等方面。

在分解问题时，可以采用自上而下的金字塔结构理清思路，理顺问题之间的逻辑关系。例如项目延期的问题，其分解的金字塔结构（见图6-5）。

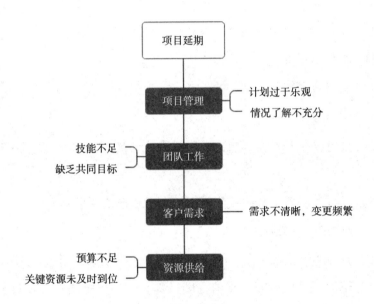

图6-5　项目延期问题的分解

2. 步骤二：找原因

在分解完重点问题之后，就需要列出产生这个问题的原因。在这个过程中，可以召集员工，采用"头脑风暴"的方式进行团队讨论，确定产生该问题的原因。并将相关原因分层分级，用箭头将它们与问题连接，这样让领导者直接明确地了解其中的因果关系，从而制定对策。

在找原因时，可以通过不断问"什么原因"来准确地找出原因。例如，某工厂的机器停运，导致无法顺利完成客户的订单，延误了工期。在寻找原因时，进行了以下的提问：

为什么机器停止运转了？

因为超负荷，熔丝断了。

为什么会超负荷？

因为轴承部分的润滑不够，导致机器过热。

为什么轴承部分的润滑不够？

油泵轴因磨损而松动了，润滑泵吸不上油。

为什么油泵轴会磨损？

因为没有安装过滤器，导致轴内混进了铁屑。

通过这样的问答，最终找到原因，及时地解决了问题。

3. 步骤三：找结果

根据原因与问题，预见可能会出现的最终结果，并与问题连接起来，从而形成了从问题到结果的指向过程。这一步骤与上一步骤类似，都是用前瞻性的眼光去看待问题。

4. 步骤四：找回路

找回路就是找出原因——问题——结果这一过程中的所有因素的相互关系，特别是这一过程中的闭合回路、隐形回路。

在找回路时可能会出现找不到回路、找到的回路太过粗糙，或者找到的回路太多三种情况。出现这些情况在本质上就是对问题的思考还不够。

找不到回路是由于未深入思考、分析问题，"病因"找得太少，或者是因为回路隐藏得很深，使领导者很难发现其中的回路。在面对这种情况时，领导者可以先检查已经找到的因果关系，观察是否有遗漏现象。

除此之外，领导者还可以逆向推导，从某一个结果出发进行推导。例如，导致团队业绩下降的因素中有这样一个小结果：员工的工作状态差。领导者就可以逆向推导是什么导致工作状态差？是工作方法不当，还是工作任务不明确等等，通过这样的推导，就可以导出更多的因果关系，建立趋于完整的因果互动环。

找出的回路太过粗糙是因为缺少中间过程，直接将问题与结果联系在一起。但在问题与结果之间很可能会隐藏着一个或者多个隐形的回路。甚至还存在某一个因素在其中发挥正面影响的同时，也带来了负面影响的情况。

例如，员工因领导者的管理方式不当而离职，这一过程中可能还隐藏着企业的绩效管理机制、薪酬机制等方面的因素。

在这一过程中，该领导者利用日报来了解员工的工作进度情况，正面影响是让员工明确自己的任务目标，提高工作效率，而负面影响是可能会有员工认为日报是在浪费时间，从而敷衍了事，没有达到效果。针对正负面的情况，领导者要放大正面影响，消除负面影响。制定的解决方案不同，在执行过程中出现的结果可能也不同。

领导者应该尽量将思考精细化，这样才能达到最终的目标。

找出的回路太多，是因为领导者没有设定问题的范围。例如员工离职与产品市场情况可能没有多大的联系，他们之间的联系还有许多中间过程，因而在思考员工离职的原因时，可以将产品的市场情况不列入其中。

在面临这种情况时，领导者要学会化繁为简，筛选出与问题关联性大的因素，这样才能避免花费不必要的精力。

5. 步骤五：实时监测，查缺补漏

根据以上步骤，领导者明确自己的计划可能会出现的问题，以及会导致的结果，这是领导者制定防范措施的前提。

"智者千虑，必有一失"，领导者在动态思考时，可能会有遗漏的问题，从而导致计划执行过程中出现不可预料的变化。这需要领导者在计划实施的过程中实施监测，查缺补漏。在可能出现问题的节点，再次思考，从而更加全面地促进计划的实施。

● 要点补充 寻找因果关系的线索

市场的变化虽然在整体上具有规律性，但在具体的枝节上却具有偶然性。这些偶然性之间往往还存在着某些关联的线索，这也是寻找因果关系的线索。这些线索往往具备以下特征：

1. 顺序性

某些问题是按照时间顺序出现的。例如A事件出现后，B事件也跟着出现，它们之间存在因果关联性的可能性非常大。

2. 协同性

在同一个时间维度上，同一企业内部可能会出现两个或者多个问题，这些问题之间一般都会有所关联，领导者尽量不要忽视。

3. 相关性

在同一时间维度上，不同企业内部可能会存在相似或者完全相反的问题，这两者之间也会存在相关关系，这需要企业与企业之间进行交流

才能发现。

4. 相似性

如果企业内部出现的两个或者多个问题之间存在相似性，那么他们之间可能会存在关联性。

通过以上步骤与注意事项，领导者与员工都能构建动态思考，提高自身的思考能力与思维层次，从而共同使企业成为一个思考型组织。

本书通过对独立思考、批判性思考、全局思考、深度思考、人性思考、动态思考这六个层面的分析与解读，可以很好地帮助领导者与员工打破思维定势，打造思考型组织。

"读万卷书，不如行万里路"，领导者在了解了方法之后，还需要运用到实践之中，相信各位领导者会在实践过程中收获不少惊喜。

至此，我们对第二层全局思考、深度思考、动态思考就阐述完了。当然这需要很长一段时间的实践，并且不断精进，我们才能在无意识的状态下自由切换。

第七章

人性思考：
管理就要懂"人性"，
带团队就是带"人心"

无论多么出色优秀的计划，得不到企业（组织）内关联人的承认，必将会以失败告终。人与人之间的关系非常微妙，稍微不谨慎就有可能被他人误以为是幕后交易，反而会招致大家的猜疑。这种猜疑一旦像瘟疫一样蔓延开来，就会削弱企业（组织）的工作积极性，使整个企业（组织）意志消沉。要想改变这样的局面，就要打造人性思考型组织。不管什么样的企业或组织，都不要企图改变人性，在尊重人性的基础上，尊重差异，接受异见。

第一节　人性定理：不要企图改变人性

　　人的天性是与生俱来无法更改的，如果领导者执着于改变员工的天性，必然会失败。作为一名优秀的领导者，应该尊重员工的天性，并根据员工的优势激励他们、培养他们，使员工能够获得自我认可，从而充分发挥员工的主观能动性。

● 人性小故事　天性作为本能无法改变

关于对人性的思考，有这样一则寓言小故事：

从前，有一只蝎子想要过河，但不会游泳，就向河边的青蛙寻求帮助。但是青蛙拒绝了蝎子的请求，因为青蛙认为在帮助蝎子过河的过程中可能会被蝎子蜇伤。

蝎子反问青蛙："我为什么要这样做？这对我没有任何好处！你被蜇伤了，我就会被水淹死。"

青蛙听后，觉得非常有道理，于是同意帮助蝎子过河。但当青蛙驮着蝎子游到河中央时，蝎子突然竖起毒刺，蜇伤了青蛙。

青蛙吃惊地大声质问蝎子为什么这样做，蝎子说："我是蝎子，蜇是我的天性，我无法控制。"

最终，青蛙与蝎子一起长眠于水底。

许多成功学的书都会鼓励我们像青蛙一样去思考，告诉我们天性是可以改变的，而领导者的职责就是促进这一改变的发生。有许多领导者认同了这种观点，于是制定了各种规章制度来控制员工，用利益、梦想拴住员工的心，使员工压抑自己的天性。

优秀的领导者不会相信这套说辞，因为他们已经具备了上两层思考的能力。他们的选择是将这类员工从自己的企业中清除，因为他们知道，对一个员工的改造是有限度的。天性是什么？是一个人与生俱来的特征与本能，是潜意识的呈现，不会因为环境的变化而改变。

每一个人都有自己独特的个性，如果领导者硬是要改变员工的个性，让员工变得一模一样，那么企业将会逐渐失去活力，慢慢变成一潭死水，最终走向衰败。

领导者为什么一定要执着一件不可能办到的事情呢？既然天性无法改变，为什么不试着去利用员工的天性，激发其潜能呢？通过天性激发员工的潜能，前提就是了解人性定理。

● 要点分析　什么是人性定理？

人的天性，可以简单地概括成人性。人性定理的具体定义指的是"人对自我的肯定原理"，即任何一个健康人的行为动机都是为自己服务。主要包括自我决策、自我肯定、自我中心、无限欲望以及自我异化五个方面。

1. 自我决策

自我决策就是人具有选择自由的权利。例如"我喜欢鲜花"，这一选择无法被他人左右，"我"可以无条件地决定自己喜欢什么，这是自由选择的结果。

但"选择未来的职业"这类问题，并不是人性定理中的自我决策，因为职业的选择会被社会、家庭等因素影响，并不是完全的自我决策。

2. 自我肯定

许多人一生都在追求自我价值体现，探索自己存在的原因，这实际上就是在寻求自我肯定。人与其他动物不同，因为自我意识产生较多的心理与精神诉求，如果不能自我肯定，就会觉得生活毫无乐趣，严重的甚至会患上抑郁症。

任何人在做某一件事情时，都是从服务自己的目的出发，这些动机之中包含了生存的物质需求、精神需求这两方面。

在战乱时期，自我肯定的动机更加偏向生存的物质需求；而在如今和平的时代，自我肯定偏向于精神上的满足。

3. 自我中心

人在诞生之初，会先产生"自我"的意识，然后才会产生"他我"的认知，可以说人认识世界的开端就是认识自我。这样的认知过程也会贯穿于人一生的认知世界。

尽管经过成长，人的认知愈加丰富，认知方法与渠道也呈现多元化的状态，但依旧改变不了以自我为中心认知新事物的认知方式，这是根植在人类基因中无法抹除的部分。人们会认为，世间万物万事，都是实现自我肯定的渠道。

4. 无限欲望

人类的欲望主要分为物质层面与精神层面两大类。人们在满足了生存欲望之后，就会开始追逐享乐欲望，而快乐是无边际的，代表快乐的欲望也无边际。当享乐欲望无法得到满足时，人就会开始将欲望转向精神层面，爱恨贪嗔怨皆是这类欲望的表现。

例如，人们经常阐述的欲望"成家立业，扬名立万"，前者大都是代表着"繁衍"的生存欲望，而后者则是精神欲望。人们认为通过扬名立万可以延续自身的精神生命，从而弥补短暂的肉体生命。

"寄蜉蝣于天地，渺沧海之一粟，哀吾生之须臾"，人正是因为有了思想，产生了时间观念，才会常常感叹光阴易逝、红颜易老。当生命周期无法承载思想的深度时，人们就会在精神欲望中投掷更多的精力，通过欲望的满足，获得自我肯定，然后感叹一句"不枉此生！"

5. 自我异化

自我异化是当自我肯定无法得到满足时，形成的一种极端的自我否认。这里的自我否定，不仅是指对自身行为与认知的否定，还包含着与之前行为完全相反的选择。

例如，一个待人和蔼可亲的人，在某一个夜晚见财起意，抢劫了一个路人，这就是自我异化。这种自我异化来源于对金钱的渴望，即物质欲望的未满足。

人是矛盾的个体，在高尚的同时也可能会卑劣，在虚伪的同时也可以真诚，每一个人在面对不同情况时，会有不同的选择，这是人性决定的、无法更改的事实。

人性定理决定了其不可改变性。毛姆认为：试图考验人性终会失望，试图改变人性终会失败。因为不同的人，世界观、价值观都是不同的，只有拥有相似的精神世界的人才能够融合在一起。

如果将价值观与世界观没有相似之处的员工强行融合成一个团队，只能带来负面影响，这是领导者需要明确的观点之一。

许多领导者在认识到这一点之后，不再试图改变人性，而是寻找拥有与企业相似价值观的员工，组建团队，并根据他们的天性，充分发挥他们的优势，从而帮助他们弥补自身的弱点，获得自我肯定，满足精神需求的一部分。

根据人性定理，一位优秀的领导者需要做到这四件事情：选拔员工、提出要求、激励员工、培养员工，这也是领导者的职责所在。

第二节 什么是人性思考？

领导者无法去改变人性，就需要学会利用人性管理企业。人性思考实质上就是对人性管理的思考。领导者了解人性思考的具体内涵，是实现人性管理的先决条件。

● 人性思考案例　关注人性，是员工甘愿付出的前提

海尔集团中流传着毛宗良的事迹。据说，广东潮州的一位客户给海尔邮寄了一封关于购买"玛格丽特"洗衣机的信件。这封信受到海尔集团的高度重视，总部在收到信之后要求子公司——海尔梅洛尼公司将洗衣机在48小时之内送到客户家中。

当这台洗衣机被运送到广州后，毛宗良作为常驻广州的安装维修人员，专程租了一辆车运送洗衣机。在运送到潮州的中途，毛宗良租的车因手续问题被交警扣留。在这个"前不着村，后不着店"的地方，没有一位路过的司机愿意帮助毛宗良搬运洗衣机。

为了信守对客户的承诺，在规定时间内将洗衣机送往客户的家中，

毛宗良决定背着这台150多斤的洗衣机徒步走到潮州，然后再找车运往客户家中。

就这样，毛宗良在38度高温天气中，背着洗衣机行走了两个多小时，最终成功在规定的时间内，将洗衣机送到客户的家中。

毛宗良为什么可以为客户做到如此地步？这是因为海尔集团实行人性化、规范化管理，在海尔内部只要有任何一名员工为企业做出了贡献，都会得到相应的回报，这让毛宗良愿意为海尔履行承诺，维护海尔的品牌形象。

这则案例成为海尔集团内部广为流传、激励员工的小故事。其实这也是海尔集团管理者进行人性思考中的一部分，通过他人的优秀事迹激励员工，让员工明白付出多少就会收获多少。员工会从满足自身欲望的动机出发，更加积极地去工作，提升工作效率与效果。

其他领导者如果希望拥有毛宗良这样事事以企业利益为重的员工，就要进行人性思考。那么究竟什么是人性思考呢？

●要点分析 人性思考的内涵

了解人性思考的内涵是领导者进行人性思考的前提，而人性思考的内涵包括以下几个方面：

1. 人性思考的基点

人性思考的基点就是"人性管理"，领导者管理企业就是在管理人性。企业内部的员工都在渴望获得自我肯定，希望通过工作满足自身某一层面的需求。要想管理好企业，领导者就要抓住员工的诉求，明确地告诉员工"你可以从我这里获得什么"这样才能全面激发员工的工作积极性。

2. 人性思考的境界

有舍、有得，是人生的两种境界，也是领导者管理人性的两种境界。有舍是指领导者要对员工舍得，愿意为员工提供一个好的工作环境与工资待遇，这是奖励机制中的一部分。有得就是领导者通过奖励机制加强员工的向心力，让员工能够心甘情愿为企业工作。例如，许多大企业将股票分给员工就达到了"有舍、有得"的双重境界。

3. 人性思考的三个侧重点

这三个侧重点是根据领导者的层级来划分的，不同层级的领导者，进行人性思考的侧重点也有所差异。

基层的领导者注重对员工责任心的培养，要求员工能够在规定的时间内完成任务，确保企业的执行力。

中层领导者侧重培养员工的进取心，及时对员工进行奖励与惩罚，激发员工的工作热情，这为企业的发展提供了源源不断的活力。

高层领导者侧重于培养员工的事业心，让员工将自己的工作视为自己的事业，这样才能在最大程度上激发员工的潜力，促进企业的发展。

4. 人性思考的原则

人性思考有标准化、书面化、透明化、简单化这四大原则。

标准化就是建立并完善企业内部的相关制度与管理流程规范化，这可以有效提高员工的工作效率。书面化就是将这些制度与流程用书面的形式记录下来，方便员工随时查看。透明化就是让员工明确公司的制度体系与文化体系。简单化就是给复杂的问题建立简单化的流程，帮助员工顺利完成工作。

5. 人性思考的表现

领导者在人性思考的指导下，首先会表现得充分信任员工、肯定员工，因此不会给员工施加工作的硬性条框。在与员工进行交流时，会尊重员工的想法，而不是全面否认员工，这使员工愿意为企业的发展出谋划策。领导者也可以通过员工提出的建议，判断是否已经到了给予员工升职的最佳时机，帮助员工获得更好的成长。

除此之外，领导者还会让员工参与到企业的管理过程之中，通过共同的讨论与交流，做出群体决策。这是决策权的分散，而不是下放权力，是为了培养员工的责任心。通过群体决策取得的成功，员工才会对企业有更高归属感。

人文关怀是人性思考的重要部分。例如，阿里巴巴在每年过节时，还会给员工的家人发祝福、送礼物，让员工的家人知晓他们正在与马云一起创业。人文关怀不止这一种，还有团建活动、救助补贴、下午茶等，都是人文关怀的方式。

公平公正是提高领导者在员工之间威信力的重要方法，只有让员工感到公平，明白自己付出多少就收获多少，才会更加努力去工作。对于这些努力工作的员工，领导者还可以进行有效的奖励，让员工看到自己发展的希望，这样才有与企业共进退的决心。

以上就是人性思考的内涵，通过其内涵，领导者可以明确地了解人性思考的大致概念，对人性思考形成一个较为具体的印象。

● 要点分析　人性思考的难点

一个事件的内涵往往与本质有联系，通过以上对人性思考内涵的分析，我们可以了解到，人性思考的本质就是利用人性选好员工、用好员工，对员工进行有效的管理，这就是人性管理。

人性管理涉及心理情感、文化、人力资本等多方面的因素，管理的难度较大。这要求领导者不一定要成为经济学家或哲学家，而要成为一名心理学家，只有这样才能准确地感知员工的心态变化与心理诉求，才能在面对人性管理中出现变数时不会手足无措。

由于中国文化的特性，中国企业的员工在某些方面存在相似之处。例如，中国礼仪文化，使员工格外看重企业的人情味。这要求领导者在进行人性化管理的同时，还要兼顾公平与公正的原则。这是中国领导者进行人性思考的另一难点。

在解决这些难点时，领导者要懂得变通，在大是大非上要坚守自己的原则，让员工明白自己可以包容他们的许多小缺点，但又有底线，这样才能达到恩威并重的效果。

通过上述内容，我们对人性思考有了初步的理解，接下来就要将人性思考运用到实践之中。消除组织中的偏见与猜疑是人性思考需要解决的重要问题。

第三节　如何避免组织中的偏见和胡乱猜疑?

思考要点 <<

　　组织之中的偏见与猜疑会使企业最终走向分崩离析的局面,是企业发展过程中的隐患。领导者应该及时地消除企业之中的偏见与猜忌,营造一个和谐、团结、友善的团队氛围,让员工能够专心工作,而不是日日将精力放在猜忌之中,阻碍团队、企业的发展。

● **思考小场景**　为何 1+1<2?

　　浙江的绍兴有一家在当地比较有影响力的纺织企业邀请我去授课,二哥是集团董事长,90年代自己只身一人从东北跑来独资做小作坊;三妹是集团总经理,大专毕业后投靠二哥,与二哥成立贸易公司;大哥则是集团分管三个生产工厂的副总,老二老三有所成就后,因顾及大哥多年在家照顾父母,于2006年请他投资入股,最开始辅助董事长(那时还是厂长)管理生产。企业发展越来越大,2011年成立集团公司。兄妹三人在公司内部职位也是交叉复杂。最早跟我接触的是三妹,她负责集团导入管理者成长地图的项目。前期调研中我发现了兄妹三人的苦楚：

1. 三妹说二哥这些年独断惯了，原来公司不大，还能左右顾及，现在除了发火，好像别的不会了；

2. 而二哥说这些年自己多么不容易，三妹应该最清楚，现在她也这么认为自己，让自己伤心不已；

3. 大哥好像最委屈，自己觉得来到绍兴后，从来没有大哥的地位，不管是老二还是老三都能把他叫过去吼一通；

4. 集团公司的人力资源部总监是职业经理人，看得可能是最清楚的：现在公司所有的管理层感觉迷茫，根本不知道听谁的，有了问题谁都能过来吼，甚至正常的报销流程都会因为出纳（二哥的爱人）心情不好而搁浅。

案例讲到这儿，大家就明白了，我不敢说这是大多数中国企业的现状，但至少是很多家族企业的现状。导致这一情况的最根本原因就在于大家的偏见和猜忌。

1+1<2在企业团队之中，可能经常出现。某一位员工在单独完成任务时，完成效果非常好，但将他放入到一个团队之后，他完成任务的效果与质量远不如单枪匹马时好。让每一位员工都能在最大程度上发挥自身的价值，就需要人性思考，将团队成员团结在一起，共同将效益提升上去。这是领导者的重要管理工作。

领导者要想通过人性思考让组织团结，就必须避免组织中出现偏见与胡乱猜疑。那么，领导者应该如何做呢？

● 要点分析 避免偏见与胡乱猜疑的方法

1. 了解猜疑形成的心理来源

人的大脑天生就会过度解读某些信息，这是社会心理学家罗德里克对猜忌来源的观点。在职场之中，猜忌与偏见往往来源于以下三种心理或者行为：

其一为过度化的个人解读。当领导者在进行不点名道姓的批评时，会让有些员工对号入座，怀疑"我是不是做了什么事让领导不高兴了？他会不会给我穿小鞋？"这样的猜疑范围很广，且在一定程度上会挫伤员工工作的积极性。

其二为恶意归因过失。例如，某一位员工给上级发送了一封邮件，但迟迟不见回应。第二天与上级见面后，上级依旧没有说什么。这时，这位员工会想："他是不是对我有什么意见？还是认为我的工作做得不好，不愿意理我？"但很可能是上级工作太忙，而忘记了回复邮件。

其三为夸大阴谋后做出的判断。世界上的很多人似乎都存在一定程度的被害妄想症，在其他人进行某一行动时，会自然而然地将许多事件串联起来，觉得会对自己产生危害。例如，某员工听见同事讨论谁会升职的问题，从而联想到上级对自己的态度不好，最终会有这样的想法："唉，看来升职这道坎是过不去了！"

2. 建立共同目标聚集团队成员

共同目标的建立会让员工能够同心协力，增加团队的粘合力。纵观阿里、华为这些名企都会建立共同的目标，来增强员工的向心力。建立共同目标的目的不是仅仅建立一个利益共同体，而是建立一个事业共同体或者命运共同体。

用利益维系的团队，很可能会出现"大难临头各自飞"的情况，公司的财务一有什么风吹草动，员工就生出跳槽的念头，这样的共同体无疑是失败的。领导者真正要做到的是让员工将工作当成自己的事业并为之奋斗。

在创立目标时，领导者要注意，团队目标是员工个人目标的总和，如果团队制定的目标超出员工最大的潜能，团队目标就不可能实现，这样会挫伤员工的积极性。正如阿里认为的"胜利是走向胜利的最好方式"。只有员工不断努力之后获得的成功，才能激发员工的工作热情与信心，从而促进自身与企业的成长。

在共同目标的阶段性目标完成之后，领导者需要开启奖励机制，例如增加补贴、团队聚餐等，让员工得到工作带来收益的同时，感受到一起奋斗的快乐。在满足员工物质需求的同时，满足其精神需求。

3. 坚持以人为本，认可员工的价值

坚持以人为本就是要让每一位员工都能在工作之中找到自身的价值，增加员工对企业的认可与归属感。

在坚持以人为本的实践过程中要注意地位的影响。作为社会学家的克莱默认为"那些资源较少或者处于弱势的人员，容易出现过度警觉而加剧误解的情况"。如果领导者认为领导与员工是一种管束与被管的对立关系时，就会加剧员工这种弱势的心理，很有可能会造成团队内部之间的误解。

针对这一情况，领导者需要将决策权分散，让员工参与到决策与管理的过程中来。例如，华为与阿里都将公司的股份分给员工，是在认可员工的价值，让员工意识到自己不再是打工者，而是公司的主人，从而

激发员工充分发挥其主人公精神，创造更高的价值。

通过以上内容，可以让员工意识到自己巨大的潜能，发现自身的价值，能够充满信心地去应对工作中出现的问题，并不断地加强自身的技能水平。这为企业的发展提供了源源不断的动力与新鲜血液。

4. 将管理过程透明化，公正处理问题

将管理过程透明化，需要领导者能够建立完善的制度与方案，公正地处理企业中的问题，这样让员工能够心服口服。

例如，合理的绩效管理制度，可以让员工明确自身的绩效是否达标、工作是否高效完成等问题，让员工知道领导者没有徇私舞弊，而是依照制度管理。在建立考核制度时，可以借鉴阿里巴巴的"271"绩效考核法。

"271"绩效考核法就是按照员工的工作完成情况，将高效完成任务的那20%的员工划为优秀员工，并激励他们发挥自身的表率作用。为那70%的可以在规定时间内完成任务的员工，提供更好的工作方法，激励他们继续工作。对于那10%不能很好完成工作任务的员工，领导者不应该马上辞退，而是要帮助他们寻找工作中出现的问题，提升他们的工作能力。如果是岗位职能不匹配的，还可以帮助员工调岗，充分发挥他们的价值。如果依旧不能正常完成工作，就可以进入最后的观察期，判断是否要开除这名员工。

绩效考核就是公正管理的体现，不仅是在绩效管理上需要以人为本，实行公正化的原则，在其他管理行动上也是如此，不论事件的大小，都要做到公正、公平。

例如，阿里销售部某一团队车位不够的问题，该团队的管理者，就采取抽签的方式，确定车位的使用权，并用直播的方式全程记录抽

签的过程，连自己使用车位都需要抽签。这一方式将特权主义拒之门外，赢得团队上下的一致好评，加强了员工的信任，提升了管理者的威信力。

其他的领导者也应该如此，公正、公平、公开去管理企业，让每一位员工都能参与到企业管理的过程之中，从而充分发挥员工的主观能动性，提升工作效率，促进企业发展。

5. 利用DISC性格学的工具，合理安排员工

根据马斯顿博士提出的DISC性格学理论进行的行为特征分析，将人群按照性格分为四大类型（见表7-1）。

表7-1　四种不同性格人群的优缺点

四大类型	优势	存在的缺陷	适合的环境
支配型	①是基层组织者 ②有前瞻性的思考 ③勇于面对挑战 ④具有组织能力与号召能力 ⑤有创新精神	①过度使用领导地位 ②制定的标准太高 ③缺乏圆滑和变通 ④承担过多的责任	①不受控制、监督和琐碎事打扰的环境 ②革新的、以未来为导向的环境 ③表达思想和观点的论坛或集会环境
影响型	①创造性地解决问题 ②激励其他人为组织目标而奋斗 ③促进组织团结 ④通过协商缓解冲突	①不注意细节 ②在评价方面不现实 ③不加区分地相信人 ④不能成为情境下的倾听者	①人们之间密切联系的环境 ②不受控制和琐碎事困扰的环境 ③有活动自由的环境 ④传播思想的论坛或集会 ⑤有相互联系的民主监督者的环境

续表

四大类型	优势	存在的缺陷	适合的环境
稳健型	①是可靠的团队合作者 ②为某一领导或某一原因而工作 ③有耐心和同情心 ④具备逻辑性的思维	①倾向于避免争论 ②在确定优先权时遇到困难 ③不喜欢非正当的变化	①稳定的、可预测的环境 ②变化较慢的环境 ③具有长期的团队合作关系的环境 ④人们之间有较少冲突的环境 ⑤不受规则限制的环境
谨慎型	①善于下定义、分类，获得信息并检验 ②能够给出客观评价 ③保持高标准 ④有责任心，稳健可靠 ⑤促进综合性的问题解决，使小团体关系亲密	①受批评时采取防御措施 ②常陷入细节之中 ③对环境过分热衷 ④似乎有点冷漠和疏远	①需要批判性思维的环境 ②技术或专业领域

　　根据上述四种类型标准，将员工划分为四大类，合理安排员工的工作岗位，将不同性格的员工放入与理想环境相似的工作环境之中。这样，用户在工作与生活中，接触的都是与自己处在同一领域的人，不会出现某某走关系空降到某个未曾接触过的办公岗位的情况，让员工的价值发挥到最大。这也是人性管理的最普遍、最有效的方式之一。

　　在企业之中，消除偏见与猜疑，建立信任关系，会降低企业的交易成本，减少人际关系的摩擦。使企业与团队形成一种对内能够竞争、争论，对外能够共进退的合作竞争关系，在最大程度上激发员工的工作热情，促进企业总目标的达成，为企业提供动力，让企业能够可持续发展。

第四节　人性思考法首先要寻找"元认知"

　　意识决定物质，认知是行动的前提。领导者要想通过人性思考法管理企业，就需要获得关于员工人性的元认知，然后根据自身的认知，对员工做出合适的安排，在最大程度上激发员工的潜能，从而促进企业的长远发展。

● 知识介绍　什么是元认知？

　　为了避免企业内部出现偏见与猜疑，需要领导者更好地去管理人性，这就是人性思考法。

　　元认知通常被称为反省认知、监控认知、超认知等，是人对自己的认知过程的认知，主要包括元认知知识、元认知体验与元认知监控三部分。元认知是个体进行活动与实践的先决条件。

　　人性思考法也不例外，第一步就是寻找元认知，即了解员工的人性，并把握这种人性。企业与组织就是要激发员工的野心，同时又要阻止员工产生过度的野心与信心，这是领导者每时每刻需要做的事情。因此，寻找人性思考的元认知是领导者必须去完成的工作内容，其中包括对人性思考的元认知知识、体验以及监控。

有元认知基础的人性思考才能在最大程度上激发员工的工作热情，为企业的发展提供活力，才有可能促使企业进入螺旋上升的发展状态。

● 人性思考案例 人性管理确实会放大员工的野心

广州某企业的销售经理小肖，业务能力突出，在同事之间的人缘也很好，在销售部的威信很高。该企业的最高决策者认为小肖有自己独特的提升业绩和管理成员的方法，于是就将小肖提拔到了副总的位置。

小肖上任之后，不断地扩大业务规模，在短短的一年时间内，小肖使企业的销售利润达到新高。但小肖逐渐不满足企业给他的待遇，希望得到更多。于是小肖带着销售部门的骨干员工另起灶炉。但几个月之后，小肖的业务公司没有成功做起来。而没有跟随小肖离开的销售经理取代小肖接任了副总的职位。

为什么会出现这种情况呢？领导者没有准确把握人性思考的元认知，没有让小肖产生这样的认知：一个人的成功与平台密切相关，也许离开了平台做什么都不会成功。如果该企业的领导者能够及时掌握小肖的人性，那么小肖带来的利润无疑是非常巨大的，会带领企业更上一层楼。

那么领导者应该怎样才能找到人性思考的元认知，从而实现人性管理呢？

● 要点分析　人性思考元认知的寻找方法

1. 通过内部交流会了解员工的诉求

沟通是促进企业正常运转的重要方式。如果一个企业不进行沟通，领导者只顾制定决策，员工只埋头苦干执行决策，那么在执行过程中出现的问题就不能得到及时的解决，问题就像滚雪球一样，越滚越大，最终会达到无法解决的程度。

在沟通时，领导者应该做到不随意批判，要及时奖励。例如，韩国某大型公司的保险箱某天晚上被人盗窃。该企业中的一名清洁工与小偷进行搏斗后，保住了保险箱。有人问清洁工为什么愿意冒着生命危险与小偷进行搏斗？清洁工回答："因为公司的总经理每次从我身边路过时，都会夸我打扫得很干净。"

正是因为短短的一句话，让清洁工愿意冒着生命危险保住企业的利益，这就是"士为知己者死"。清洁工一直都是一个不被重视的岗位，但仍会有获得自我与他人认可的心理诉求。

领导者进行人性管理，就需要与员工沟通，找到并了解员工心理诉求与物质诉求，这就是人性思考元认知知识的一部分。在掌握了元认知知识之后，就可以实现精神与物质层面的双管齐下。

2. 元认知体验：知人善用

人性思考的认知体验是元认知的第二个部分，这要求领导者做到知人善用。正所谓"橘生南则为橘，生于北则为枳"，环境对一个人的影响十分巨大，领导者只有根据员工的特点，将员工放在适合他的岗位，才能使之成为甘甜的橘子，否则就只能成为苦涩的枳。

知人善用在许多名企之中都有相应的方法策略。例如，阿里巴巴的

"轮岗制度"，就是让员工尝试在不同的岗位上工作，领导者可以通过员工在不同岗位上的表现，判断员工最适合哪种类型的岗位，然后为员工做最好的安排。

在最适合自己的岗位，员工往往能够做出一番成绩，从而获得自我价值的肯定，然后抱着感恩的心态去为企业工作，回报企业。

在这一过程中，领导者通过员工给企业带来的回报，对人性思考产生更加深刻的认知：信任、关心员工，满足员工的心理诉求，是人性管理的重要部分，其重要程度远远超过满足员工的物质诉求。

如果领导者不能做到知人善用，就是在浪费人力资源，而在企业中人力资源的浪费才是最大浪费。人性思考的元认知体验就是帮助领导者避免人力资源的浪费，通过对员工人性中的优势面的掌握，充分发挥员工的价值。

3. 进行监控，及时反馈

元认知中的认知监控就是在认知的过程之中，对认知目标进行及时的评价，并反馈认知结果与认知过程中的不足之处。这要求领导者知人善用，将人才安排至最合适的位置后，还需要进行监控。

当然这里的监控并不是为了达到控制员工的目的，而是领导者对自我认知与员工行动的监控与反馈，这是为了领导者能够及时调整自己对员工的认知，避免对员工产生偏见与猜疑。领导者对员工工作的监控，是为了让员工明白自己工作过程中出现的问题，只有这样才能帮助员工进行及时的改进。

在进行反馈时，领导者可以通过员工的执行情况，判断是否要改变自己对这名员工的认知。

例如，领导者准备开除一个平时吊儿郎当、在企业中混日子的员工，但突然间发现这名员工开始认真工作，并在一个月之内提升了自己的业绩。领导者就可以在未来的几个月之内对其进行观察。如果该员工仍是以积极的态度去开展工作，就可以将这名员工留下来，还可以根据他的优势来培养他。

进行认知监控时，领导者一定要注意与员工进行有效的沟通与交流，否则员工对自身的问题不自知，还会认为是领导者对他产生了偏见。在沟通之中，领导者还可以发现员工真实的想法与诉求，并通过相应的方法满足其诉求。

以上从元认知的认知知识、认知体验与认知监控三个组成部分，分析了领导者应该“如何寻找人性思考的元认知”的问题，帮助领导者更好地使用人性思考法来管理企业，从而构建人性思考型组织。接下来，我们将具体介绍，在元认知的基础上，构建人性思考型组织的具体步骤。

第五节　构建人性思考促成组织创新的五个步骤

 **思考要点<<**

农夫与蛇的故事大家都耳熟能详，农夫无法改变蛇咬猎物的天性，但能训练蛇去杀死危害庄稼的田鼠，从而增加产量。优秀的领导者应该也是如此，通过充分发挥员工的优势，进行人性管理，构建人性思考型组织。

● 人性思考型组织案例 阿里巴巴的人性管理

阿里巴巴管理的"三板斧"就是将人性管理与流程化管理联合起来。

在招聘方面，实行"闻味道"的准则，即：判断前来面试的人与自己的团队、与领导者自己、与企业是否是一路人，是否有着相同的价值观。马云坚信，只有一路人才可以朝着同一个目标，共进退、谋发展，因为价值观是一个人人性的最直观表现。

对那些与企业价值观不符合的员工，马云认为"心要慈，刀要快"，及时地将他们请出企业，并为他们的职业发展方向提供一些真诚的建议。这不仅是为了避免这类员工给企业的发展带来阻碍，也是为了让员工不必在不适合他的企业与岗位上浪费时间。

马云通过招人与开人打造了人性思考型组织的基础，还通过团建活动加深企业与员工之间的联系，让员工感受到自己在企业之中备受重视，感受到企业的关怀。例如，阿里巴巴会经常举行员工聚餐、定期公费旅行等，让员工感受到家的温暖，让员工与企业形成一个命运体（如图7-1）。

图7-1　阿里人性管理的成果

在将人性思考型组织的基础打造好之后，就要开始进行具体的构建，马云通过"定目标""追过程"以及"拿结果"的三部曲来实现具体构建。

马云通过这几种方式将阿里巴巴打造成一个人性思考型组织，这对其他领导者进行人性管理具有十分重要的借鉴意义。通过阿里的案例，我们可以了解到构建人性思考型组织的具体步骤。

● 要点分析　构建人性思考型组织的步骤

构建人性思考型组织实质上就是构建以人性管理为根本的组织，具体的构建步骤如下：

1. 找对人

构建人性思考型组织的第一步，就是聚集合适的人构建成一个组织。人性无法改变，领导者对一个员工的改造是有限的。因此领导者在构建组织时，就需要找到与企业价值观、文化相契合的员工，这样才能规避因找错人而带来的负面影响。

对于领导者来说，找员工不一定要找最好的，但一定要找最合适的，不论任何事选择都是最重要的事情。

2. 清除不合适的人

在一个团队，最理想的人才是既有出众的业绩，又能与企业的价值观匹配，且富有团队精神。然而，这样的员工终归是少数。有的人虽然能出成绩，但价值观较差；有的人价值观较好，但业务能力平平。领导者要做的就是清除那些价值观与企业不符合、业务能力也不能达到合格要求的员工。

在这一过程之中，领导者一般会做比较人性化的安排。例如发现员工的业绩一直无法提升，领导者可以先观察这名员工，然后再与这名员工面谈，帮助员工学习解决问题的方法。如果在进行三次面谈之后，员工的业绩依旧不能提升，领导者可以考虑给这名员工转岗，让他到更加合适的岗位上去。

如果员工在比较适合他的岗位上依旧无法做出成绩，领导者可以考虑开除这名员工。如果决定开除员工，要做到好聚好散，可以给他提供职业规划等方面的建议。做到有情有义、仁至义尽就是进行人性管理，是打造人性思考型组织的重要步骤。

3. 满足员工的诉求

"团队"是在利益的驱使下临时性组成的条件，但缺乏稳定性、持久性和前瞻性，将来不明朗，由于缺乏科学的组织结构和系统化的协同运作，是不能发挥最大绩效的组织。

员工到企业工作无非是为了金钱或者是为了实现自己的一腔抱负。但领导者如果只将金钱作为企业与员工的联系纽带，那么企业就会缺乏稳定性，企业的将来也就不会明朗。因此，领导者应该在满足员工的物质需求的基础上，满足他们的精神与心理诉求。

4. 建立共同的目标

建立共同的目标是为了让企业内部能够更加团结，能够让员工提高工作效率，为了企业目标的实现而不断努力。在这一过程中，领导者就是在唤醒员工对"赢"的渴望，从而使员工获得工作的热情与活力。

在制定目标时，领导者要注意"企业目标必须是每个员工目标的总和"，企业目标必须是可以达成的，但又要有一定的难度。这样可以让员工们经过共同努力实现目标，获得巨大的成就感，从而获得自我价值的肯定，这是人性管理的目的。

5. 追踪执行过程，进行有效反馈

这里的追踪执行过程，不是对员工工作的简单监视与部署，也不是对其行动进行严厉控制，而是协助员工解决在目标执行过程中所遇到的困难，使其一直处于工作的正常轨道上，按时保质地完成目标。如果员工在中途发生了偏离，领导者还可以及时地帮助员工把偏离的方向拉回来。

追踪员工的工作过程是为了及时找到并纠正目标实施过程中出现的偏差；通过互相监督，加强竞争，激发员工的工作热情与进取心；根据市场变化、企业战略、团队状态等，灵活地调整目标，确保目标顺利执行。

人性思考型组织的创建，要求领导者要对员工的能力、优势、追求等各方面有精准了解。因此，领导者要把控员工实现目标的必要技能，要把控每日、每周、每月工作流程的制度，还要掌握员工在此过程中的起伏心态，最后还要把控过程中容易忽视的细节。

只有这样才能及时地发现员工的诉求与问题，并及时地进行反馈，从而帮助员工得到更好的发展。

● 要点补充　构建人性思考型组织的注意事项

领导者在构建人性思考型组织时，不能只侧重于人情味，还需要建立一套完整的规章流程，这样既能激发员工的积极性，又能够用规章制度给员工设置一个底线。这是为了让员工显露野心，但又能让员工的野心不超过企业规划的范围。

领导者要明白，有野心的员工确实能够给企业带来生机与活力，但

也要设置野心的底线，这样才能避免被反咬一口。

"农夫与蛇"的故事就是如此，在蛇看来自己并不是忘恩负义，只是本性使然。真正优秀的领导者应该学会驯服蛇，让它发挥自己的天性去对付危害庄稼的田鼠，而不是对付自己，这就是在进行人性管理。

通过以上步骤，领导者可以在最大程度上激发员工的积极性，实现人性管理，构建人性思考型组织。

第八章

利用 U 型打通六大思考

第一节 "下载"之后的"思维暂悬"

企业的"下载"式思维，就是复制前人或者自身的成功经验与思想，如果不加以思考，就会陷入故步自封的泥潭之中。因此领导者与员工要在"下载"之后"思维暂悬"，从而进行判断，并通过感知未来实现创新。

"下载"式思维就是"下载"前人已有经验的思维模式，如果企业陷入这一模式之中，就无法进入创新状态，会造成企业的故步自封、停滞不前，甚至会使企业被淘汰。

领导者与员工在"下载"的过程中，没有独立思考，将已有的经验与现实相结合，就会使企业整体进入病态的过程之中，即：下载、失察、故步自封、自我欺骗、毁灭。企业要避免走向毁灭，就要让全体学会思维暂悬，判断过去的经验，真正地去感知未来，从全新的角度去看待问题，从而打破故步自封。

● 思考案例 思维暂悬，判断已下载的经验

曾经有一家与美团齐名的团购网站——拉手网，如今已经倒闭。在2010年，拉手网与美团、大众点评是团购网站界的三大巨头。

拉手网在成立不到一年的时间里就创造了10亿交易额的辉煌成果，在2011年其日货量达到300万之多，然后在短短几年的时间就开始走下坡路，最终倒闭。拉手网从团购第一到凄凉倒闭，最根本的原因就是陷入故步自封的泥沼中，不懂得创新。

同为团购巨头的美团，在团购业务发展起来之后，还推出了外卖、订票、预约住宿等新业务。而拉手网并没有在业务上进行创新，只依靠团购支撑，这与一站式服务的美团相比，失去了竞争力，最终倒闭。

"下载"式思维是拉手网倒闭的元凶，通过这一案例，领导者应该明确这种思维模式的危害。要想避免陷入，就必须在"下载"之后，进行"思维暂悬"。

"思维暂悬"就是先暂悬旧有的思维模式，要求企业全体通过观察与独立思考放下旧思想，从而能够去感知未来，链接未来，寻找更多可能性，得到创造性的想法。

领导者与员工进行"下载"，一定是为了解决某一问题或者达到某一目的。

例如，员工在解决业绩下滑的问题时，阐述的问题是这样的："我的业绩为什么会下滑？"其回答为："因为工作状态不好。"这样阐

述的实用价值并不高，因为员工无法从这个问题的结果之中找出具体的方法。

"我的工作状态为什么不好？"回答结果为："我的工作方法出现了问题，导致效率不高、状态不好，使业绩下滑。"这样的问题，才能够让员工准确地抓住问题的本质——"工作方法"，并根据这一本质去思考下载的经验与方法是否适合自己。如果不适用则可以重新下载符合的经验，再进行筛选与二次创造。

通过阐述问题与目的，再观察判断下载的经验是否适用，是避免陷入故步自封的重要方法。

● 思考总结 思维 "暂悬" 的方式

1. 打开心灵，运用同理心

一个故步自封的企业往往会使领导者与员工丧失同理心，只能从自己的角度去看问题，使员工与领导者出现认知局限，无法从宏观上为企业的发展出谋献策。

"权力越大，责任越大"，领导者应该克制自己的掌控欲，给予员工信任与尊重，通过同理心建立一个和谐的、不缺乏正当竞争的企业环境与氛围。

美国某公司的领导者，在公司内部实行弹性工作制度，给员工充分的自由。员工可以选择工作的地方、方式与时间，但工作必须在规定的时间之内完成，质量必须达到要求，并奖励那些能够高效高质完成工作的员工。

员工查理一般选择在家里开展工作，时间一般定在晚上，他认为夜晚的宁静可以激发其创造的灵感，他时常能够快速且高质量地完成工作内容。该公司的领导者从员工的角度出发，让员工选择最合适自己的工作方法，并尊重员工的选择。这样的决定，提高了员工的工作效率，并在同年的第一季度实现利润翻倍的目标。

当然，同理心不仅表现在尊重员工的选择上，更多的则体现在肯定员工的价值方面。当员工提出建议与想法时，要暂悬评判，保存员工的思考种子。

例如，某一员工经过几天的收集资料、汇聚信息、分析数据之后，向领导者提出一些建议。即使领导者发现这建议不具备可行性，也不能全面否决，否则会挫伤员工独立思考的积极性。

这就要求领导者将过程与结果分开，从过程方面对员工进行嘉奖，从结果方面明确指出员工存在的问题。这样领导者就能将自己代入到员工的角度，去看待问题，发现问题的本质。在促进员工独立思考的同时，也让自己有了全新的看法与思路。

不仅是领导者需要同理心，员工也是如此，需要通过与其他员工的交流，发现自己的思考缺漏，从而不断地改进，提升自己的工作效率与业绩。

2. 放下过去，实现创新

放下过去，需要领导者与管理者去观察、预测未来可能会发生的问题，并将未来的可行性与现实结合，实现创新。

美团作为全国最大的一站式生活服务平台，也在不断将未来的可能性与现实结合。美团在成立之初的定位为团购平台，但其创始人王兴在其发展之路上，观察到团购市场即将饱和且竞争更为激烈，美团不能只依靠团购，而是要实现转型才能有更长远的未来。

"大部分的人每天吃三顿饭，光中国人每天都要吃至少40亿顿饭"，王兴在认识到这一商机之后，立马对外卖市场进行调查，并预测到未来的发展方向，于是将业务核心逐步转向外卖业务。如今，美团已成为外卖界几大龙头之一。

美团的成功转型，就是放下过去，并通过预测未来进行创新的成果。

"红皇后假说"提出了这样的观点：在这个国度，必须不停奔跑才能保持在原地。如果你想前进，请加倍用力奔跑。企业也是如此，只有放下过去，不断地思考与创新，成为思考型组织，才能跟上市场的变化与时代的步伐。

第二节　接纳后的愿景、具化、运行

接纳后的愿景、具化与执行办法，都需要领导者发挥主心骨的功能，在不断地提升自身思考能力的同时，促进企业员工跟上思路进行思考，从而实现打造创新型组织的目标。

企业通过思维暂悬，促进领导者独立思考、观察、分析之后，使企业打破思维定势。在这一过程中领导者会不断地放下过去，以平静的心态接纳自己、接纳企业，根据已有的现实结晶出在未来可能实现的远景和意愿，这是企业全体都应该去做的事情。

在上文中，我们通过对思维暂悬的分析，了解到暂悬之后，通过不断地思考与分析，慢慢打破固有思维、打开心灵，实现创新的过程。但这一结果的最终目标实际上是确定愿景。

● 思考小场景　接纳后的愿景

星巴克的创始人舒尔茨有一次到伦敦最繁华的街道，看见有一位老人在街边开了一个非常小的门面卖奶酪，这就相当于在上海最贵的街道卖盐，让舒尔茨感到非常诧异。于是他问老人卖奶酪是否能交得起房租？

老人告诉他，这条街上有很多店面都是他们家的。他们家几代人都在这里卖奶酪，就算赚了钱，也不会做其他的生意，于是就买了许多门店租给周围的商户，他依旧开着小店卖奶酪。老人还说，他的儿子也在半小时车程的农庄处做奶酪。

老人还告诉舒尔茨只要你热爱一件事情，只要你愿意去坚持，并且知道在坚持的过程中应该拒绝怎样的诱惑，就能做好这件事。

上例中的老人虽然没有将企业做大做强，虽然只是一个小门店，却依然成功。这是因为这位老人能不断地放下过去，并且不被未来的表象迷惑，而是以安静平和的心去接纳自己。老人没有扩展业务的愿景，但把快乐经营自家小店、专心致志地做一件感兴趣的事情作为自己与小店发展的愿景，并为之努力。

领导者应该像老人一样，在确定愿景之后，不被其他的诱惑迷住眼睛，而是全身心地投入到奋斗的过程之中。领导者还需要让员工也接纳这一愿景，让他们主动为这一愿景思考、出谋划策，在实现愿景的同时，顺便实现打造思考型组织的目标。

每一个人的世界都分为物质世界与精神世界。领导者用薪酬福利等制度满足员工的物质世界之后，就需要将重点放在员工的精神世界。交流对话是连接员工精神世界的重要途径之一。

例如阿里、百度、华为等大型公司，都有自己的内部交流平台，在一定程度上，加强了领导者与员工的联系，使领导者能够及时了解员工精神世界的变动。

美国著名的心理学家罗森塔尔曾做过一个实验：到一所学校考察，并随意从每班抽3名学生。罗森塔尔告诉校长，被挑选出来的学生经过严密的科学测验，被判定为智商型人才，在未来将会有巨大的成就。

过了半年之后，罗森塔尔故地重游，发现自己曾经随意抽取的几名学生已经比之前有了较大进步。后来他们进入社会，在不同的岗位上取得了较大的成就。

这一结果就是期望心理中的共鸣现象产生的结果，这种效应被称为"皮格马利翁效应"。

在对话与交流的过程中，领导者可以利用"皮格马利翁效应"，充分发挥心理的作用与反作用力。领导者需要对员工投入感情，用希望以及心理上的诱导，使员工充分发挥主观能动性，用积极的态度去思考、去创造。

例如，领导者在进行计划安排时，对员工说"我们大家都相信你一定能够高质高效地完成任务"，或者说"不要着急，你总是在最关键的时刻能找出办法"等等，这些带有领导者个人情感的话语，会使员工在潜移默化之中朝着领导者期待的方向努力，让员工接纳企业的愿景，并根据愿景调整自己的发展方向。

●思考总结　愿景的具化与执行

1. 具化

愿景的具化主要体现在员工的接纳程度上与愿景的细分程度上。领导者与员工的契合度越高，交流就愈顺畅，员工对愿景的接纳程度也就越高。

事实证明，对愿景认可度越高的人群，往往是团体之中的思考者，不会盲目地去完成上级交代的任务，而是在执行之前多思考：是否还具有其他更易操作、且更有效的方法。在工作出现问题时，不会一味地找上级，而是思考好几种方案与上级去商议是否可以解决问题，从而促进全员独立思考能力的提升。

愿景具化，还可以通过目标宣讲大会将愿景细化，让每一个员工都参与到实现愿景的旅途之中。宣讲大会就是将员工聚集到一起，然后领导者进行宣讲，务必让每一个员工都能明确自身的价值与工作任务。

例如，某公司在三年之内的愿景是达到同行业的中高级水平，因此可以将愿景细分，根据业务部、售后等部门的不同特性划分不同的任务小目标。在部门之下，部长可以再将小目标细分，不同的小组有不同的任务。这样在最后的基础单位将会变为：个人。细分单位越小，员工的独立思考能力提升越快。

2. 执行

执行就是将独立思考的结果付诸行动。例如，2016年马云在提出"新零售"的理念之后，并没有停滞不前，将理念存放在空中高阁，而是将理念落在实处。马云根据这一理念，制定了长远的战略目标，例如与居然之家的合作就是十分具有前瞻性的战略合作。

领导者在自己与员工共同进行愿景奋斗时，不要将"假大空"搬到台面来讲，而是要像马云一样，拿出具体的实践计划与方案，与员工共同商讨其中还存在的缺陷与问题，并及时进行排查，做出调整。

确定后的愿景、具化与执行办法，都需要领导者发挥主心骨的功能，在不断提升自身思考能力的同时，促进企业员工跟上思路进行思考，从而实现打造思考型组织的目标。

● 要点分析 成为独立思考者的 6 大方法

1. 以全新的视角观察

领导者要从全新的视角去观察与分析，做出正确的判断，制定最佳的决策，并坚定地执行下去。全新的视角就是领导者要"观察自己观察到的内容"。观察到的内容可能是自己的经验，或者是他人的建议，也可以是其他领导者成功的案例，领导者的独立思考就是继续观察分析这些内容。

在这一环节中，奥托夏莫提出了认知的三个层次，这也是观察的三个层次：打开思维、打开心灵以及打开意志。让领导者开始学习他人的经验时，就已开始打破自我封闭，打开思维慢慢接纳他人的经验与建议，这就达到了第一个阶段。但这只能让领导者识别新事物，并不能带来改变。

打开心灵是第二阶段的观察，就是看见不可见之物，觉察到如果不做出改变，在未来将会面临何种威胁。在这一过程之中，就是要避免被新观察的内容麻痹，用自己的思考去观察这些既得的认识，从而得出基于事实的全新的想法与观点。

打开意志的观察阶段就是通过观察的结果开启承诺，即领导者需要认清自己必须做的事情和不能做的事情，并给自己定下承诺。例如领导者在了解到阿里巴巴的成功原因之后，就可以根据自己企业的事情定下自己与企业的目标，然后通过科学的方法去实现这个目标。

领导者以全新的视角观察，就是将这三个观察层次结合为一个不可分割的整体，并从中得出适合企业发展的观察成果。否则领导者就会陷入扭曲的联系与追求目标的偏执之中。

2. 改变注意力结构，把握整体

将注意力推向深层次，改变注意力的结构，也是领导者培养独立思考能力的必要途径，这一行动往往发生在决策之前。这需要领导者能够从他人的角度，从整体的角度去感知，我们将在第二层全面思考、深度思考、动态思考中详细解释。

领导者往往会将注意力集中在自我认知的方面，因此做出的决策会比较狭隘，可能会因眼前的利益放弃长远的利益。因此，领导者要时常听取其他领导者与员工的想法与建议，从而可以从整体上去把握问题，做出判断。

例如阿里在内部设置了"阿里味"平台，让员工提出自己的想法与建议，马云就时常通过员工的发帖，集思广益。这可以在较大程度上弥补决策的不足，降低失误的概率。

3. 自然流露

自然流露就是 "让内在在认知中涌现"，这要求领导者达到"静"与"安"的境界，只有让内心保持宁静才会让认知浮出水面。领导者在观察之中得到的成果，将会以自然流露的方式体现在其领导的过程之中。领导者可以将企业的愿景与自身对未来的预想为源头，实现自然流露。

自然流露实际上也是独立思考成果的具象表现，是领导者成为独立思考、真正的领导者的重要方法。

4. 明确愿景与意图

米德曾说"永远不要怀疑一小群有思想、有奉献精神的人士能够改变世界的说法"，而具有独立思考能力的领导者就是要将这一小部分人的潜力激发出来。这要求领导者能够通过明确的意图与愿景拴住这部分员工的心。

领导者通过明确的愿景及意图让员工看见希望，创建一个足够吸引优秀员工的能量场，然后以机会与资源激励员工，让其变为实现目标的推动力。

如今许多大企业都将股份分给这些有思想、且甘于奉献的员工，从而形成一个命运共同体，让员工将企业的愿景视为自己的愿景，将企业的发展视为自己的事业，并为之不断奋斗，例如华为、阿里等知名企业的员工，他们体验到的未来就是他们希望的样子。

5. 整合头脑、心与双手

整合头脑、心与双手的模型，就是要求领导者不要只是根据头脑与心灵去想象、去感受，而是要通过双手来实践。

"读万卷书，不如行万里路"，任何事情都需要通过实践才能得出真知。领导者用头脑与理性去吸取他人优秀的知识，加以分析思考，做出正确的判断，然后用双手付诸实践。马云提出的新零售概念能改变纯电商的道路，就是他不仅提出了建议，还制定了标杆，做出了实事。

6. 融入团体，发挥集体的力量

小提琴家 Miha Pogacnik 在大教堂演奏时，会从内心去超越自我的演奏。他认为在这一刻自己不仅在演奏小提琴，而是在演奏围绕在身边的"宏提琴"——即大教堂的每一处、每一个角落。这就是将演奏融入集体与环境之中。

领导者在独立思考时也是如此，要将自己融入集体环境中，再去进行管理与领导。在大多数系统、企业、组织中都需要能够让领导者演奏"宏提琴"的必要元素，即：召集合适的演员组合，以及能够聚集相关利益的社会技巧，这是领导者需要独立思考的部分。

召集合适的演员组合就是通过价值观将员工组织起来，这要求领导者在进行领导与管理工作时，要不断向下传递企业的文化与价值观。例如沃尔玛员工每天早上都会通过欢呼来增强企业文化的粘合力，形成了独特的"沃尔玛欢呼"文化。

聚集相关的利益者主要通过薪酬、股份、福利等方式来聚集员工、激励员工。逢年过节赠送小礼物等都是聚集这些利益相关者的技巧。例如，阿里每年在春节时，不仅会赠送礼物，还会给员工的家人发祝福，让家人知道他们都是在与马云一起为了事业而奋斗。"笼络人心"也是一种聚集员工的技巧。

领导者通过对两个必要元素的分析与思考，得出最佳的方式，逐一击破，将自己融入团队之中，在最大程度上聚集员工，激发其潜力。

"工欲善其事，必先利其器"，方法论就是领导者的"器"。通过以上方法论的指导，领导者可以实现独立思考，不断提升自己的领导力。这是成为真正领导者的重要方法。

第三节　如何利用U型构建思考型组织

培养独立创新型团队要从消除团队之间的隔阂出发，使员工与领导者形成价值观与文化认同方面的统一整体。领导者在此基础上使团队上下形成共同感知，分散决策权，运用"头脑风暴"激发员工独立思考的能力，充分发挥"群体决策"的效用。

● **思考小场景** 消除隔阂是培养独立思考型组织的前提

　　小李是某房地产公司的销售人员，为了提升自己的业绩，小李不择手段。有一套室内设计不合理的房子一直不好卖，小李就想方设法地"忽悠"顾客，该浴室采用木质材料，不防水，小李不告知客户弊端，只用"贴近自然"的理念给顾客吹嘘。最终有客户在小李的忽悠下购买了此套房。之后顾客有售后问题时，小李却直接将问题抛给售后部门。

　　这样的行为就是典型的利己主义，将个人的利益放在企业利益之前，甚至是不顾企业的利益。此后，该顾客见人就说该销售公司不地道，欺骗消费者。这样不仅影响了其他销售员的业绩，也使企业流失了大量的客户。最终小李被辞退。

上述案例表明，虽然小李进行了独立思考，但其思考却只从自我出发，没有考虑到团队效应。这实际上就是员工与企业之间产生了隔阂，从而使员工只为自己工作，而不考虑企业。

● 消除隔阂的方法 转变员工注意力，提升员工心理素质

1. 扭转注意力

扭转注意力就是让员工的注意力聚集在企业目标的实现上，达到目标一致，最终形成一个紧密的整体。

有许多团队成员都将注意力放在自我的业绩上，只考虑到自己的利益，并未考虑公司的利益。

思考型的团队不仅要求员工要独立思考，还要求员工从团队整体的发展角度去进行独立思考。领导者要将员工的注意力集中到企业的大目标之下，个人利益要服从整体利益。对于领导者来说，强硬的手段可能会适得其反，攻城略地以攻心为上策。

领导者要根据员工的心理需求，认可员工的价值，从而实现价值观念与目标的统一，激发员工的思考能力。认可员工的价值主要是通过奖励来实现，例如，某团队因为有一名员工提出了关键性的建议，而使团队获得某一项目的成功，团队的领导者申请公费带团队员工去三亚游玩。

通过这样的奖励，让员工明白，每一位员工都是团队中必不可少的一部分，团队的胜利才是最终的胜利。员工会将企业团队的目标作为自己的目标，携手为团队的胜利而努力。在增强企业向心力的同时，也鼓

励员工独立思考，为企业团队的发展出谋划策。

2. 减缓压力，激发员工内心的力量

从2005年开始，有关减压的书籍出版数量快速增加，这从侧面显示出减压已成为社会的热门话题，是需要长期关注的问题（见图8-1）。

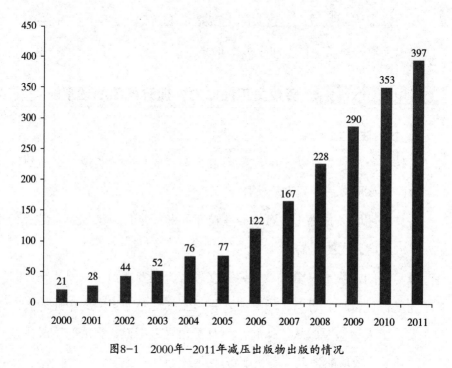

图8-1 2000年-2011年减压出版物出版的情况

压力是一种具有破坏性的情绪，过大的压力会让员工被这种情绪伤害，阻碍团队的沟通与正常运行。被巨大压力支配的员工，不能很好地集中注意力，独立思考的时间急剧减少，效率会快速下滑。

这需要领导者能及时地感知员工的压力状态，并进行调节，从而铲除员工之间的沟通障碍。一般对于压力，领导者都会通过团队聚餐、旅游来实现减压目的。领导者还可以通过帮助员工增强自身的抗压能力实现目的。

思想团建是帮助员工增强抗压能力的重要方法。例如表彰大会就是思想团建的重要方式。领导者通过表彰优秀的员工，激发员工的自信心，从而增强内心力量，实现抗压的目的。这样内心强大的员工，才会在面临问题时从容不迫，能够理性地去思考分析问题，最终找到解决方案。这样的团队才会是拥有独立思考能力的团队。

● 建立独立思考型组织的方法　建立共同感知，转变领导力源

如果团队都各自为政，领导者的任务就是将他们团结起来，引导他们发挥更大的效用。当今许多名企和组织都开始按照职能、部门与地域下放决策权，让更多的员工参与到决策过程中，从而激发员工独立思考的热情。

转变领导力源就是将决策权分散，让团队形成基于独立思考的共创关系，并以此为核心打造全新的生态系统组织模式（见图8-2）。

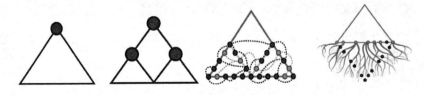

图8-2　决策权分散过程

决策权分散的最终形态就是打造具有思考能力团队的关键因素，通过将"一言堂"的团队转变为员工的团队，实现团队在组织意志上的统一，共同促进企业的成长。在这样的系统之中，既有个人独立思考的成果，也有团队的集体智慧。

分散决策权必须要建立在团队的共同感知上，否则，团队员工的独立思考也是无效的，对团队的行动不具备指导意义。建立共同感知是打

造独立创新型团队的本质，以下方法就是解决这一本质问题的关键。

1. 创建聆听的平台

聆听的四大类型如图8-3所示。

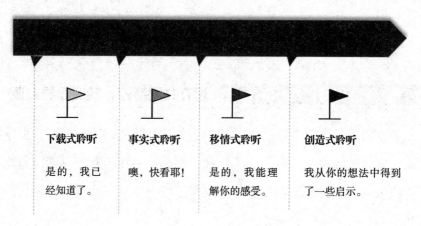

| 下载式聆听 | 事实式聆听 | 移情式聆听 | 创造式聆听 |

是的，我已经知道了。　噢，快看耶!　是的，我能理解你的感受。　我从你的想法中得到了一些启示。

图8-3　聆听的四大类型

领导者需要建立聆听平台是为了在企业团队中实现创造式聆听，让员工在聆听与交流的过程中，独立思考，得出自己的想法与建议，为领导者的决策提供参考依据。通过建立创造式的聆听平台，打造独立思考型组织与团队。

深圳某企业使用钉钉这一App作为团队内部交流的平台，在该平台上领导者时常开启电话会谈。在电话会议上，员工不必直面领导者，这减轻了员工面对领导的压力。该企业还开设内部交流论坛，可以让员工匿名表达出内心的真实想法。

在今年制定"6·18"战略的讨论电话会议上，有几名员工大胆地提出了自己的意见与看法，其他员工受到启发，思考出几个有实操性的办法，例如与某品牌进行联动等，这让企业在"6·18"中的销售额达到历史新高。

"6·18"完美收官之后，有员工匿名在论坛上发布活动中存在的问题，虽然有粗鄙之语，但话糙理不糙，让其他员工恍然大悟，并自发总结了教训，立志在下次活动中"更上一层楼"。

其他领导者也可以如此，通过论坛、电话会议等方式打造一个聆听平台，让员工在聆听与交流中学习思考，感知他人的想法与建议，在不断的磨合与争论之中，形成共同认知，从而提升整个企业团队的独立思考能力。

2. 利用"头脑风暴"，激发创造力

"头脑风暴"就是企业团队里的每一位员工在不受任何限制的氛围里，积极思考，畅所欲言，从而实现集中训练创造力的方法，又称为智力风暴等。

"头脑风暴"是避免员工从分散决策权的过程中产生"群体思维"，即员工在互相的心理作用的影响下，屈从于大多数员工的意见与建议。

有一年美国某地的电线设备被突如其来的大雪压断，电信公司的经理召开了一种迅速启发员工创造力的座谈会。在这次会议上，员工可以提出天马行空的想法，没有人会对其进行评论。

有一名员工提出了坐飞机扫雪的建议，这种看似荒唐的建议却引发一位工程师的联想：用直升机高速旋转的螺旋桨将电线上的积雪扇落。会后，电信公司组织专家队伍对这一想法进行论证，发现确实具有实操性。在经过方案改进后，解决了电线积雪的问题。

运用头脑风暴的方式，就是领导者给出一个主题，让员工能够自由思考，不被外界其他因素束缚。在自由思考与发言的过程中，不会出现评论，避免压制员工的创造性思维。领导者甚至需要鼓励员工多提出一些设想，然后引发全体员工的联想，进行智力互补，让员工去思考如何将多个设想结合成一个全新的、更加完善的设想。

开展头脑风暴的步骤如图8-4所示。

1	2	3	4	5	6	7
汇集设想	分类整理	根据重要性排出顺序	根据设想类别，标出相关部门	在确定设想的可行性后，制定方案	效果确认及跟进	将本次经验书面化，供未来参考

图8-4 开展头脑风暴的步骤

心理学研究表示，人在竞争中可以将心理活动的效率提升50%。头脑风暴实际上是通过短时间激发员工的思考热情，提升竞争意识，引导员工不断地打开思维、独立思考，提高群体决策的创造性。

将"头脑风暴"与创造式的聆听平台相结合，可以在最大程度上提升员工独立思考的效用，这是领导者打造独立思考型团队与组织的重要方法。

我们从6种常见的思维定势出发，了解了打造思考型组织领导者应该具备的6种思考方法与能力：独立性思考、批判性思考、全局思考、深度思考、动态思考以及人性化思考能力。

在本书之中，侧重点在于通过思维理论知识与案例的形式，分析打造一个思考型组织在思维层次上的构建内容与具体方法。而高层次的思考往往能够带来创新。最后要说一句话：这里面的思考前提都是创新！

［后记］

感谢我的家人，缅怀世界大师

2020年，我们过了一个不一样的春节，几十年的人生中，第一次没有回家乡过春节。

这场突如其来的疫情，给繁华的城市按下了暂停键。而这本书的第一次整理，始于2019年的春节，因为工作的忙碌，一直没有写完。感谢我的家人在今年春节给了我自由的空间和时间，感谢我的助理Amy给了我莫大的帮助。

2020年1月23日，克莱顿·克里斯坦森先生去世，我和"创新"的缘分起源于在《商业评论》读到的他的一篇文章，读完后，欣喜中掺杂着懵懂。

欣喜的是我似乎找到了创新的突破口，懵懂的是我似乎看到了许多中国企业的身影，但又不完全对应。于是我开始阅读所有克莱顿·克里斯坦森先生的著作以及关于创新的书籍，开始研究中国的钢铁企业、汽车产业、互联网走势……

我遇到的第一个难题就是如何诠释"创新"这个概念，曾经还专门写了一篇文章解释"创新"与"创新思维""创新管理"与"管理创新"，被收录在《创新型组织》一书中。

我遇到的第二个难题就是如何走进企业展开研究，很多企业不愿意让你做试点，也不愿意把自己的真实数据提供出来，为此大费周折，跑高校，进工厂，拿到一份数据犹如发现了新大陆。

几年下来，边思考，边实践，边总结，边授课，只要有任何灵感，我都写进随身的便利贴。这就是为什么很多人见到我之后都问我为什么喜欢穿个马甲，就因为装便签纸和笔方便，可以随时记录我想到的任何东西。而这个习惯来源于2020年3月2日离世的杰克·韦尔奇先生，先生的"纸条管理"和"深潜"对我影响至深，使我养成了深入骨髓的个人习惯。

因为"纸条"，成了不懂美的人。有伙伴说：你真好，走遍大江南北。我只有回答：走过很多，却没有玩过！春来的滇池之上，春去的南湖之光；夏至的避暑山庄，夏末的盛京沈阳；初秋的长安古都，深秋的风华晋江；冬至的首都京城，数九的乌兰察布。美景在眼前掠过，而脑子里想的却是"今天记了点什么，赶紧整理下来！"

谨此，我将自己的思考和实践总结在这本书里，奉献给广大读者。愿我们所有的人都能够在创新的路上越走越好，愿所有的企业家、领导者都能寻找到你的 "蓝海战略"。

薛旭亮

附　　录

1. 九伴7步共创®

这是一个通过共创学习进行落地的工作坊，把私董会的模式带入到企业中，让我们向正在生成的未来学习！

在培训中协助企业落地采用的工作坊模式，针对企业战略、运营、执行三个层面的不同需求，分别设立五大主题，三类工作坊，例如：创新战略工作坊、创新运营工作坊、创新执行工作坊（详见图1）。

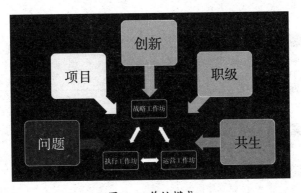

图1　工作坊模式

九伴7步共创®战略工作坊是在互联网时代帮助企业家和企业改变的微创手术，用工作坊的形式协助企业家和高管制定组织战略，能够帮助他们梳理问题现状，寻找解决方案，实现战略协同，甚至改变原本顽固的基因，升级组织能力，帮助企业家与高管们找到商业模式和战略方向。

九伴7步共创®经营工作坊是在找到商业模式和战略方向后，实现在清晰的商业模式下确定战略体系（战略目标层层解码），并盘点出战略执行可能遭遇的堵点，确定能够突破堵点的关键战略。所以九伴7步共创®经营工作坊要完成的是从商业理念（商业模式和战略方向）到行动的关键一步，有了这一步，才能让企业里面所有的人行动一致。

九伴7步共创®执行工作坊要实现的是从关键战略向具体行动的转化，是要把具体计划做出来，一定要落地到下一步要做什么，并且还要确保计划最大限度地得到落地。换个角度说是在解决企业最大的执行阻力，去解决"高管墙""部门墙""同门帘"的问题。

2. U型模型

作者在九伴7步共创®课程中使用的分析工具（详见图2）。

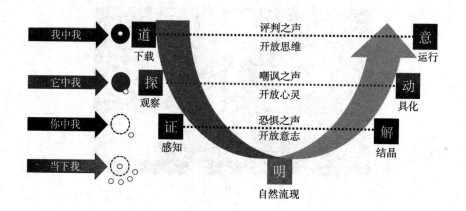

图2　U型模型

参考文献

1．[日] 日比野省三/桶本菱香著，张哲译．思维定式的"病"．北京：中国人民大学出版社，2012.

2．[德] 格尔德·吉仁泽著，余莉译．直觉．北京：北京联合出版社，2016.

3．[美] 莫琳·希凯著，孔锐才译．深度思考——不断逼近问题的本质．南京：江苏凤凰文艺出版社，2018.

4．[日] 平井孝志著，张玉虹译．麻省理工深度思考法．成都：四川人民出版社，2018.

5．[美] 奥托·夏莫著，邱昭良，王庆娟，陈秋佳译．U型理论——感知正在生成的未来．杭州：浙江人民出版社，2013.

6．[美] 奥托·夏莫（C.Otto Scharmer），凯特琳·考费尔（Katrin Kaufer）著，陈秋佳译．U型变革——从自我到生态的系统革命．杭州：浙江人民出版社，2014.

7．[美] 丹尼尔·卡尼曼著，胡晓姣，李爱民，何梦莹译．思考，快与慢．北京：中信出版社，2012.

8．[美] 彼得·圣吉著，张成林译．第五项修炼——学习型组织的艺术与实践. 北京：中信出版社，2009.

9. ［英］比尔·卢卡斯著，刘畅译. 聪明人是如何思考的. 北京：北京时代华文书局，2015.

10. ［日］崎岛毅著，张雯译. 逻辑思维. 北京：北京时代华文书局，2017.

11. ［美］小约瑟夫·巴达拉克著，唐伟，张鑫译，灰度决策. 北京：机械工业出版社，2017.